VaterUnser

Orientierung für soziale Berufe

Autobiographische Gedankensplitter

Ein Versuch,
christlichen Glauben und soziales Handeln
miteinander zu denken und zu leben.

Von Otmar Strauß

Für

Claudia

Verlag: BoD · Books on Demand GmbH, Überseering 33,

22297 Hamburg, bod@bod.de

Druck: Libri Plureos GmbH, Friedensallee 273, 22763 Hamburg

ISBN: 978-3-7693-1732-9

1. Auflage, 2025

Alle Bilder, wenn nicht anders vermerkt: Claudia & Otmar Strauß.
Die Namen aller Personen aus der Arbeit mit Klientinnen und Klienten wurden geändert.

Dieses „Wendebuch" will signalisieren, wie wichtig es manchmal ist, eine andere Perspektive einzunehmen. Das Denken mal auf den Kopf stellen. Im besten Sinn umdenken.

Danksagung

Mein erster Dank gilt den vielen Menschen, die mit mir unterwegs waren und ihre Wohnungen und Herzen geöffnet haben. Gerade in der Teenagerzeit konnte ich bei jungen Familien, bei engagierten ehrenamtlichen Mitarbeiterinnen und Mitarbeitern im CVJM München eine Lebens- und Glaubensorientierung finden.

Besonders erwähnen möchte ich hier Hildegard und Helmut Nicklas (†2007), Erika und Eberhard Hägel, Marie-Theres und Norbert Pache, Uschi und Konrad Herdegen, ‚Mecki' und Kare Hämmel (†2016).

Ich fand viele Freunde und konnte manche Leidenschaften mit ihnen teilen: René Steinbeißer, Christoph Lang und Ulrich Dörschel, die mich auch für dieses Buch beraten haben.

Vorbilder und Wegbegleiter im Glauben waren mir Weihbischof E. Tewes (†1998) und die Benediktiner Abt Odilo Lechner (†2017) und Pater Bargil Pixner (†2002).

Ein ganz besonderer Dank geht an die Familie Gracia und Giovanni Ammirabile aus Montespertoli bei Florenz. Sie haben meiner Frau, mir und unserer Familie die Herzlichkeit, die Leichtigkeit und die italienische Kultur offenbart und ihren lebendigen Glauben mit uns geteilt.

Mein Dank geht insbesondere an diejenigen, die mir geholfen haben dieses Buchprojekt zu realisieren: an meine Frau Claudia, die mir oftmals geduldig zuhörte, mir widersprach, mich korrigierte, mich ermutigte; an Astrid Savard, für die Gestaltung der beiden Titelseiten; an die Firma Elfgenpick, die mir mit ihrer Kommunikationsdesignerin Frau Wernhardt ermöglicht hat, den Drucksatz für dieses Buch selbst zu gestalten; an Pater Ottmar Noggler (OFM[1]) der mir half, den inhaltlichen Fokus nicht zu verlieren; an Pfarrer Augustinus Bauer, mit dem mich eine langjährige Freundschaft verbindet, und an Gerhard Proß, der mir ein kompetenter Kollege und Begleiter war, für ihre beiden Vorworte.

Otmar Strauß
Ostern 2025

---

1 OFM: Franziskanerorden Oden der Minderen Brüder (Das Lexikon, Band 5, S. 97)

Vorwort von Pfr. Augustinus Bauer

Wenn ein christlich geprägter Sozialarbeiter und der Präses, also der geistliche Leiter des Caritas-Verbandes im Erzbistum München und Freising über ihre Arbeit sprechen, dann kommt man recht schnell an den Punkt, nach einer Grundlegung für die Arbeit im sozialen Bereich zu suchen.

Uns beide fasziniert seit langem die sog. Bergpredigt Jesu, die in drei Kapiteln des Matthäusevangeliums[1] eine Zusammenschau der ethischen Lehre Jesu Christi bringt. Und genau in der Mitte dieser Botschaft finden wir ein Gebet, *das* Gebet Jesu schlechthin.

Hier verdichtet sich im Gebet der innere Ansporn für das äußere Tun – Beten und Handeln gehören für Jesus zusammen: „Handle danach und du wirst leben!“[2]

Im Alltag des christlichen Lebens fallen die beiden Welten oft auseinander: fromm für eine Stunde am Sonntagvormittag, harter Alltag mit Entspannungspausen im Rest der Woche.

Jesus Christus lebte immer aus der bewussten Verbindung mit seinem himmlischen Vater; daraus folgen dann prophetische Ansagen zu konkreten Situationen der Menschen, Heilungstaten und letztlich die Hingabe des Lebens als höchstes Zeichen seiner Liebe zu allen, ohne Grenzen.

Seine Freunde lädt er in diese Gottesgemeinschaft ein, wir dürfen Gott anreden, wie es Jesus selber tut: „Abba – lieber Vater“. Dazu kommt die Erweiterung hinein in das „unser“; selbst wenn ich das Gebet für mich alleine spreche, stellt es mich in die Gemeinschaft mit dem Vater aller Menschen, und so werde ich zum Bruder jenseits aller Grenzen, die wir so gerne in unserer Welt ziehen.

Das Vater Unser selbst verknüpft beides: Gott die Ehre geben, sich ihm anvertrauen und die zentrale Bitte um das tägliche Brot, um alles also, was wir zum

---

1 Mt 5-7

2 Lk 10,28

Leben brauchen. Der Fürsorge Gottes öffne ich mein Leben, seine Zuwendung aus Liebe darf ich erfahren an jedem Tag.

Daraus folgt aber auch der Auftrag, für Versöhnung zu sorgen: So wie mir der Vater schon vergeben hat, so sollen auch wir Frieden und Offenheit auf den Nächsten hin praktizieren. Vielleicht ist es die größte Versuchung für alle, die es mit Jesus Christus und dem Glauben ernst meinen, angesichts der aktuellen politischen und gesellschaftlichen Entwicklungen um uns herum, irgendwann aufzugeben – es nützt ja doch nichts. Gerade in dieser Versuchung brauchen wir die Führung Gottes, um nicht selber enttäuscht das Handtuch zu werfen. Nein, Gott gibt nicht auf, sich um seine geliebten Kinder zu sorgen, auch wenn die Situation noch so verfahren scheint.

Deswegen gehört seit Urzeiten am Ende des Jesus-Gebetes der Lobpreis dazu: „Denn dein ist das Reich und die Kraft und die Herrlichkeit in Ewigkeit. Amen“ Wie immer im biblischen Beten schließt sich nach der bewussten Anrede Gottes im vertrauten DU und den verschiedenen Bitten, die wir Gott frei heraus sagen dürfen, der Dank an Gott:

Obwohl wir gerade in der sozialen Arbeit immer wieder an unsere Grenzen kommen und weder der Sozialstaat noch alle möglichen Hilfsorganisationen alle Not auffangen oder gar retten können, bekräftigen wir den Glauben im bewusst gesprochenen Vater Unser: Alles, Vater, ist gut aufgehoben bei dir, dein Reich der Liebe und des Friedens hat schon angefangen; uns aber zeige den nächsten Schritt, wo wir mitwirken können, Menschen in Not zu begleiten und zu eigenen neuen Schritten in die Zukunft zu helfen.

Wenn wir z.B. an die gemeinsame Erfahrung von Otmar und mir in der Arbeit der Münchner Bahnhofsmission und dem Haneberg-Haus der Abtei St. Bonifaz denken, also an Hunderte, die jeden Tag vor der Tür stehen und darauf warten, eine kleine Hilfe und ein bisschen Zuwendung zu bekommen, dann wird jeden Tag deutlich, dass wir die Not nicht wenden können.

Dennoch verändert sich die Welt durch Menschen, die trotz aller Erfolglosigkeit weitermachen, im stillen Gebet die Klienten ein Stück weit mittragen, sich Zeit nehmen und hinhören und ein wenig Kraft und Geist teilen, damit die Kinder des einen Vaters im Himmel selber wieder Kraft und Mut finden für den nächsten Schritt.

Das wichtigste Gebet Jesu lehrt nicht nur, wie wir handeln sollen, sondern macht uns innerlich Mut, im tiefen Vertrauen auf Gott an seiner Welt nicht zu verzweifeln, sondern mit unseren bescheidenen Möglichkeiten den Weg des Friedens und der Versöhnung zu gehen.

Ich bin dankbar für den gemeinsamen Weg in den Spuren Jesu, den ich mit Otmar schon viele Jahrzehnte gehen darf. Wenn ich täglich das Vater Unser bete, strömt etwas von Jesu Zuversicht und der Kraft seines Geistes in mein Leben – und dieser Lebensstrom wird nicht kleiner, vielmehr bereichert und stärkt mich dieser Geist, weiterzumachen und auf das Reich des Gottes zu bauen, das unscheinbar, aber wahrhaft wächst auch in unseren Tagen.

Pfr. Augustinus Bauer
Caritas Präses München und Freising

Homeless Jesus, von Timothy P. Schmalz
vor der Abtei St. Bonifaz (München)

Faces of Israel 2005 by Claudia Henzler - HenzlerWorks (8)

Warum dieses Buch?

Unfassbare Not

Unfassbar welche Not sich hinter menschlichen Schicksalen verbirgt. Wer sich beruflich oder ehrenamtlich im sozialen Bereich engagiert, wird mit enormen Konflikten, Problemen und mit Leid konfrontiert. Ob als Krankenschwester, als Erzieherin oder Lehrer, als Sozialarbeiter oder Seelsorger, ob als Therapeutin oder Ärztin u.v.m. Im Fokus steht immer der Mensch mit seinen Nöten und Schwierigkeiten, mit seinen Krankheiten und mit aller Unzulänglichkeit.

Die Herausforderungen in den verschiedenen Feldern der sozialen Berufe sind unterschiedlich. Fragen nach der eigenen Orientierung im jeweiligen beruflichen oder ehrenamtlichen Umfeld tauchen jedoch immer wieder auf.

Mit diesem Teil des Buches möchte ich anhand meines Erfahrungshorizontes aufzeigen, wie das VaterUnser helfen kann, für sich selbst *und* für die Klienten und Klientinnen eine innere Ausrichtung zu gewinnen, zu leben und zu behalten: es sind autobiographische Gedankensplitter!

Gedankensplitter aus Studium und Beruf

Sprachlosigkeit – eine krasse Erfahrung

Zu Beginn meines Studiums an der Katholischen Stiftungsfachhochschule in München erlebte ich eine hilflose Sprachlosigkeit. Bei einem Wochenendseminar kamen wir mit der Studiengruppe zusammen und sollten einander erzählen, warum wir Sozialpädagogik/Sozialarbeit gewählt hätten.

Hier erlebte ich eine große Überraschung: Kaum hatte ich über meine christlich orientierte Motivation gesprochen, stürzte sich die versammelte Mannschaft auf mich und nahm meine Begründung auseinander. Die Gesprächskonfrontation dauerte – meiner Erinnerung nach – mehrere Stunden. Meinem Gefühl nach schossen sich alle auf mich ein. Selbst der Dozent hinterfragte ständig meine Aussagen. Am Schluss war ich total verwirrt und verunsichert. Der Abend endete für mich mit Tränen und gehörigem Frust.

Im Nachhinein bin ich für diese Erfahrung dankbar. Ich hatte bis dahin nur stereotype Worthülsen zur Verfügung. Ich konnte meine Gedanken nicht in einer verständlichen Sprache ausdrücken. Auch hatte ich nicht wirklich durchdacht, was mich bewegte und was das bedeuten würde. Diese Erfahrung wurmte mich massiv und arbeitete fortan ständig in mir.

Wovor hast du die meiste Angst?

Wenig später, bei einem zu meiner Zeit „gefürchteten" Dozenten (er hieß unter uns Studierenden „Psycho-Kögl") war es üblich, auf dem „heißen Stuhl"[1] zu sitzen. Hier konnte jeder ein Thema, einen Gedanken, eine Überlegung ansprechen und wurde dann von allen be- und hinterfragt.

Bei solch einer „Sitzung" forderten mich die anderen StudentInnen[2] und der Dozent wieder stark heraus. Plötzlich konfrontierte mich „Psycho-Kögl" mit der Frage: „Wovor hast du die meiste Angst?". Ich war total perplex und stammelte zunächst irgendwelches Zeug, bis ich merkte: Darauf habe ich keine wirkliche – vor allem für mich selbst – befriedigende Antwort. Ich erwiderte, dass ich das nicht wisse und ich in der nächsten Zeit darüber nachdenken werde.

Die anschließenden Semester – besonders die Praxissemester – führten mich noch tiefer in diese Frage hinein. In Hamburg, bei einem christlichen Streetworkprojekt, entdeckte ich in mir und in vielen jungen Menschen, denen wir in den Diskotheken auf St. Pauli begegneten, eine tiefe Sehnsucht und eine Leere. Bei mir hatte sich eine langjährige Freundschaft zerschlagen und hinterließ in mir Traurigkeit und Sehnsucht nach Annahme und Liebe. Je ehrlicher ich mir diese Gefühle eingestand, desto klarer merkte ich, dass dies auch eines der tiefsten Bedürfnisse der Drogenabhängigen war, mit denen wir den Kontakt suchten und denen wir helfen wollten.

Im letzten Semester hatte ich dann nochmals die Gelegenheit bei einem Selbsterfahrungsseminar mit „Psycho-Kögl", mich für den heißen Stuhl zu

---

1 Methode aus der Gestalttherapie – eine Feedbackmethode in der Gruppenarbeit (Das Lexikon, Band 5, 440)

2 Wegen der Lesbarkeit wechsle ich frei zwischen verschiedenen Formen der Genderformulierung. Gemeint sind immer alle, Kollegen und Kolleginnen, Klienten und Klientinnen.

melden. Ich erinnerte an meine Aussage drei Semester vorher, dass ich die Frage nach der größten Angst nicht beantworten konnte, und versuchte dann – mehr oder weniger nach Worten ringend – meine neu gewonnene Überzeugung zu formulieren. Ich sprach davon, dass es meine tiefste Angst, meine Sehnsucht sei, lieben zu können und geliebt zu werden.

Im Anschluss an meine eigene Einschätzung kam es zu einem sehr bewegenden Austausch unter uns. Wie ich später mitbekommen habe, gehörte der innere Kern meiner geäußerten Gedanken zu einer der wichtigsten Erkenntnisse der menschlichen Grundbefindlichkeit in der Psychologie und Philosophie.

Herausforderungen in der Sozialarbeit

Sozialarbeiterinnen und Sozialarbeiter sind gerade in Konflikt- und Problemsituationen gefragt. Sie helfen mit, dass Menschen angemessen leben können, dass Teilhabe – besonders für Kinder und Jugendliche, für Menschen mit besonderen Bedürfnissen und für ältere Menschen – ermöglicht wird, dass Notlagen überwunden werden können. Der Sozialarbeiter, die Sozialarbeiterin ist oftmals der/die einzige Anwalt/Anwältin der Schwachen.

Die Sozialarbeit kümmert sich zum Beispiel um diejenigen, die ohne Obdach, sich bereits um 7:00 Uhr in der Früh vor der Bahnhofsmission in die Schlange einreihen, um einen begehrten warmen Sitzplatz zu ergattern. Ein heißer Kaffee und ein Stück Brot: das hilft schon mal nach der kalten Nacht.

Es sind diejenigen die ihren Kummer und ihr Leid ersticken müssen. Die Abwärtsspirale beginnt: Arbeitslos, Wohnungslos, Schutzlos. Über die Jahre auf der Straße verlieren viele die elementarsten Skills[1].

Es sind die Kinder, die zwischen hochstrittigen Eltern verloren gehen: seelisch aufgerieben, als Druckmittel benutzt, innerlich verwahrlost.

Kostendruck verdrängt Mitmenschlichkeit

In vielen sozialen Berufen wird die Finanzierbarkeit heiß diskutiert. Die Ge-

1 Skills: Fähigkeiten auf verschiedenen Ebenen das Leben zu bewältigen. Z.B. auf die Körperpflege zu achten. Die „Mietfähigkeit“ steht häufig in Frage.

hälter entsprechen nicht den Ausbildungsgraden und den Aufgaben, die zu bewältigen sind. Der Kostendruck in der Sozialarbeit ist enorm.

In der Coronapandemie wurden Stellen eingefroren, statt sie für die erwartbaren Probleme in der Gesellschaft, vor allem für die Schwierigkeiten in den Familien, vorzuhalten. Psychische und soziale Probleme haben besonders bei Kindern und Jugendlichen stark zugenommen. Es gibt mehr Kriseninterventionen als vor der Pandemie.

Nicht nur in der Sozialarbeit, auch im Gesundheitswesen, in den Schulen, bei Präventionsmaßnahmen – überall soll gespart werden.

Obwohl die Stadt München für ihre Partnerorganisationen Supervision voraussetzt, wird ihren eigenen SozialpädagogInnen eine solche regelmäßige Beratung zur Reflexion des eigenen Handelns verweigert.

Mit durchschnittlich etwa 80 bis 100 „Fällen" im Jahr bleibt nicht viel Zeit für den Einzelnen. Das Ergebnis: Die Mitmenschlichkeit bleibt auf der Strecke. Der Klient, die Klientin wird zur „Sache", muss möglichst schnell und bei geringen Kosten zufriedengestellt werden.

Die Effizienz steht im Vordergrund. Die Sozialbürgerhäuser vergleichen ihre Ausgaben untereinander. Es entsteht Druck, wirtschaftlicher zu arbeiten. Dieser Druck wird bis an die „Basis" – an die SozialarbeiterInnen im direkten Kontakt mit den Menschen – weitergereicht.

Das Ergebnis: Nach drei Jahren war mehr als die Hälfte der Kolleginnen aus meinem Team gegangen. Statt die gegenseitige Unterstützung innerhalb eines Arbeitsteams mit vielen Berufsanfängern zu fördern, wurde die Teamsitzung auf die Fallverteilung reduziert und auf eine möglichst schnelle Bearbeitung geachtet. Es gab zwar auch andere Zeiten, aber die Tendenz, überall zu sparen, war ständig zu spüren.

In der Bezirkssozialarbeit, so wie ich sie erlebte, sind viele ehemalige Überzeugungen aus den Studienzeiten verloren gegangen. Empathie und Mitmenschlichkeit prägten meine Vorstellungen und die von vielen ehemaligen KommilitonInnen. „Dort anfangen, wo der Klient steht.", „eigene Vorurteile überwinden". In den Selbsterfahrungskursen wurden wir stark herausgefordert, an unserer Persönlichkeit zu arbeiten. Die Dozentinnen und Dozenten waren engagiert, uns eine vielseitige Sichtweise zu vermitteln. Ihnen – und uns StudentInnen – ging es um den Menschen.

Und nun spürte ich unter meinen KollegInnen, dass Mitmenschlichkeit nicht mehr so zentral war wie seinerzeit im Studium. Die innere Haltung, die uns so wichtig war, schien „verdunstet“ zu sein.

Nicht explizit. Nicht durch Leugnung oder Vorgabe. In einigen Gesprächen und in der täglichen Praxis spürte ich, dass die Distanz eines Tisches, eines Bildschirmes gerne gesehen war. Eine Kollegin formulierte es im Gespräch deutlich: „Die Klienten sollen mir nicht zu nahe kommen.“ Die Abgrenzung stand mehr im Vordergrund als das Einfühlungsvermögen.

Zusätzlich spielten Verwaltungsvorschriften und Ablaufprozesse eine größere Rolle, als es hätte sein müssen. Das Computerprogramm verschlang zusätzlich enorme Ressourcen. Dann auch noch die überaus wichtige Aktenführung. Lediglich geschätzte 20 % der Arbeitszeit verblieben für den unmittelbaren „Kundenkontakt“.

Es war nur ein kleines Wort im Briefkopf: „Sachbearbeiter“. Ich war entsetzt von der Zuweisung meiner Beziehung zu den KlientInnen. Ohne dass ich es hätte ändern können, wurde ich als „Sachbearbeiter“ bezeichnet, als ob der „Klient“ eine „Sache“ sei.

Ich möchte nicht missverstanden werden. Eine professionelle Distanz ist wichtig. Zwischen einer notwendigen Abgrenzung und einer ehrlichen Nähe besteht ein Wechselspiel, das immer wieder neu austariert werden muss. Die Sozialpädagogik steht in der Spannung zwischen „mitmenschlicher Nähe“ und „fachlicher Kompetenz“. Es hilft einem Klienten, einer Klientin nicht, wenn sich der Sozialpädagoge in einer Klientenbeziehung oder in einer Aufgabe vollständig verliert.

Weltanschauliche Neutralität in der Bezirkssozialarbeit[1]

In den letzten Jahren meiner Berufstätigkeit hatte ich die Gelegenheit, als Bezirkssozialarbeiter bei der Stadt München zu arbeiten. Es war klar, dass mein Auftrag in der Bezirkssozialarbeit darin bestand, unabhängig von der eigenen weltanschaulichen Motivation den Menschen zu begegnen und, wo nötig und möglich, Hilfe zu leisten. Neben den gesetzlichen Bestimmungen, die ein Recht auf Gleichbehandlung und Unterstützung gewähren, kam noch das Wächter-

1 Bezirkssozialarbeit: früher ASD für „Allgemeiner Sozialdienst“. Die Arbeit von SozialarbeiterInnen für einen bestimmten Bezirk in staatlicher bzw. kommunaler Zuständigkeit.

amt[1] des Staates in Bezug auf mögliche Kindeswohlgefährdungen hinzu.

In diesem beruflichen Umfeld traf ich auf eine ähnliche Fragestellung, wie ich sie bereits vom Studium her kannte: Wie kann es gelingen, meine christliche Grundhaltung im Arbeitsumfeld so zu leben und zu formulieren, dass sie im Sprachraum und Arbeitsfeld der Sozialarbeit angemessen ist und verstanden wird? Ich merkte, dass ich meinen inneren Kompass für die Berufswelt verständlicher zu formulieren hatte. Meine eigenen Überzeugungen musste ich ins „Wort“ bringen und gleichzeitig offen und verständlich für andere bleiben.

Burnout - ein Phänomen sozialer Berufe

Während und nach der Coronapandemie wurde die Überlastung im Krankenhaussystem offensichtlich. Ein Krankenpfleger erzählte mir, wie er über Monate kaum Erholungszeit bekam, oftmals tagelang durcharbeitete und schließlich mit einer Erschöpfungsdepression selbst ausgefallen ist.

Auch ich hatte zu viel gearbeitet. Ich lud mir immer mehr Verantwortung auf und war zusätzlich durch die Pflegesituation meiner Eltern belastet. Nach dem Tod meiner Eltern stürzte ich in eine heftige Krise. Zunächst erfasste mich ein Nervenzusammenbruch, zusätzlich begleitet von Schlafstörungen. Ich reagierte immer gereizter und konnte keine Spannung mehr aushalten. Ich war am Ende meiner physischen und psychischen Belastbarkeit angekommen. Nach fast einem Jahr Krankenstand und therapeutischer Unterstützung bekam ich wieder Boden unter die Füße.

In der Zeit nach meinem Burnout entstanden die ersten Überlegungen meinen Zusammenbruch als Chance zu nutzen und mich zu fragen, was trotz der Krise mir Halt und Orientierung gegeben hat. In der Reflexion meiner Berufstätigkeit und ermutigt durch Kolleginnen und Kollegen begann ich meine Erfahrungen und Überzeugungen aufzuschreiben.

1 Wächteramt: Wird das Wohl eines Kindes gefährdet, so hat lt. § 37 SGB VIII Absatz 3 das Jugendamt die Aufgabe erforderliche Schutzmaßnahmen zu ergreifen.

Auf der Suche nach Orientierung und Worten

Wie lässt sich in der Sozialarbeit „Kurs halten“? Bei enormen Bedarfen einerseits und Kostendruck andererseits war es wichtig, die Orientierung für das, was wirklich wichtig ist, nicht zu verlieren. Zuallererst steht der Mensch im Vordergrund, mit seinen Ressourcen und seinen Bedarfen.

Je mehr sich meine Wahrnehmung verdichtete, desto dringender wurde mein Wunsch im beruflichen Umfeld eine innere Orientierung zu finden. Und ich wollte meine Überzeugungen, Worte und Gedanken so formulieren können, dass sie meinen eigenen Ansprüchen gerecht werden und gleichzeitig im sozialpädagogischen „Sprech“ verständlich sind.

Bei der Frage, wie ich meine inneren Überzeugungen für meine Kolleginnen und Kollegen formulieren könnte, entdeckte ich das VaterUnser neu. Mir war klar, dass die meisten KollegInnen religiös „unmusikalisch“ sind. Viele können mit „frommen“ Worten nichts anfangen. Für manche ist die Religion vielleicht noch Ressource oder Folklore, aber eigentlich irrelevant.

Bei verschiedenen Reflexionsgesprächen, im Austausch mit KollegInnen am Ende meiner Berufstätigkeit, merkte ich, dass das VaterUnser eine starke Hilfe zur Orientierung für die Arbeit mit Menschen sein könnte. Jetzt erinnerte ich mich an meine Sprachlosigkeit am Anfang meines Studiums.

Es braucht eine Denke und Sprache, die im täglichen Austausch und in der Frage nach der Orientierung in der Sozialarbeit für möglichst viele verständlich sein würde. Deshalb dieses Buch.

Drei Aspekte von zentraler Bedeutung

In diesem Teil des Buches geht es im Wesentlichen um drei Aspekte:

- Wertschätzung zuerst und anhaltend;
- Ressourcen erkennen und zur Selbstwirksamkeit befähigen;
- menschliche Bedarfe in ihrer Vielfältigkeit berücksichtigen.

Es geht nicht darum alle folgenden Gesichtspunkte ständig und immer zu verfolgen. In den verschiedenen Berufsfeldern der sozialen Arbeit wird es Schwerpunkte geben. Einrichtungen und Ämter haben spezielle Aufgaben, die verfolgt werden müssen. Trotzdem können die folgenden Gedankensplitter zu einer hilfreichen Orientierung verhelfen. Zur Orientierung für die Arbeit mit den Klienten und Klientinnen. Zur Orientierung für sich selbst.

Die Menschenwürde im Blick

Die Würde des Menschen zeigt sich darin,
dass er Fragen stellen kann,
von denen er weiß,
dass er keine Antwort bekommen kann.

(Immanuel Kant)

Bezug zum theologischen Teil

„Abba - Vater unser, der du bist im Himmel"

Der Mensch: Liebesbedürftig und liebesfähig.
Jesus beginnt das Gebet mit: „Abba" – Papa. Eine Koseform, mit der Kinder ihren Vater bis heute im Nahen Osten noch rufen. Jesus verbindet mit dem Begriff „Abba" die innigste Beziehung zwischen Mensch und Gott.

Jesus spricht Gott als „Abba" an, er bezeichnet ihn als seinen „Papa". Hier leuchtet die tiefe Liebesbeziehung zwischen Gott, dem Abba, und Jesus auf. Jesus leitet seine Jünger an, in die gleiche Liebesbeziehung einzutreten. Sie sollen sich als die von Gott Geliebten, als die Angenommenen, als die vom Vater wertgeschätzten Geschöpfe wahrnehmen. Das Menschenbild, das im VaterUnser sichtbar wird, betont zuallererst die tiefe Sehnsucht des Menschen nach Wertschätzung, nach Liebe und Geborgenheit, nach Angenommen sein, nach Respekt und Würde. Gott will dem Menschen Würde geben.

Jesus ist zutiefst davon überzeugt, dass genau dies die Medizin ist, nach der sich der Mensch sehnt, die er braucht, um sein Leben entfalten zu können. Es ist die Voraussetzung, um selbst in die Freiheit zu finden, ein Liebender zu werden. Mit diesem Einstieg wird das Menschenbild Jesu sichtbar: der Mensch ist ein auf Liebe ausgerichtetes Wesen: liebesbedürftig und liebesfähig.

Das Gebet führt in Gemeinschaft.

Das Menschenbild Jesu führt sofort in Beziehung zum Mitmenschen: „Abba unser". Das „Vater unser"- Gebet lässt sich kaum wirklich alleine authentisch sprechen. In der Gemeinschaft mit anderen, die das Gebet mit beten, mit glauben, mit leben, wird das VaterUnser zu der Orientierungsquelle, die die Jünger suchen. Der Mensch: ein Beziehungswesen.

In der Gemeinschaft mit anderen findet der Mensch erst wirklich zu seiner Bestimmung. Von Geburt an braucht er die Beziehung, braucht der Mensch das Gegenüber. Die mitmenschliche Zuwendung, Nähe und Ansprache, macht ihn zum Menschen, zum Mitmenschen. Und gleichzeitig ist es auch seine Berufung und sein Auftrag: In der Zuwendung zum Anderen erfährt er sich als Mensch.

Der Du bist im Himmel

Dabei bleibt das Menschenbild dieses Gebetes nicht stehen. Es will auch die transzendente Dimension eines Menschen beleuchten. Gott offenbart sich dem Menschen. „Der Du bist im Himmel" heißt nicht „ganz weit weg", sondern will ausdrücken „ganz nahe bei Dir" (Körner). Die transzendente Rückbindung eines Menschen wird in der Sozialarbeit inzwischen als Ressource anerkannt, aber kaum zur Sprache gebracht.

Weitere Gedanken und Überlegungen im anderen Teil des Buches.

Gedankensplitter für die Sozialarbeit

Wertschätzung: der Mensch im Blick

In der Sozialarbeit (die Sozialpädagogik ist mit gemeint) geht es zunächst um den Menschen. Die Person in seiner Vielgestaltigkeit und Schönheit.

Die Person

Es gilt die Einzigartigkeit einer jeden Person zu erkennen und zu würdigen. Jeder, jede mit ihren Genen, mit ihrer Geschichte, mit den Erfahrungen des

Gelingens und des Scheiterns, den Wünschen, Sehnsüchten. Die Freuden und die Trauer, all das gehört zum Menschsein.

Falsch wäre es, wenn die Sozialarbeiterin nur den „Problemfall“, die Not oder die Aufgabe, die es zu bewältigen gilt, sieht. Natürlich stehen die Bedarfe einer Klientin, eines Klienten im Vordergrund ihrer Kontaktaufnahme mit der Sozialarbeit. Aber gerade da ist es wichtig, den ganzen Menschen wahrzunehmen und nicht nur den Hilfesuchenden. Der um Unterstützung fragende Mensch ist kein „Schmarotzer“. Er ist genauso Mensch wie die Sozialpädagogin selbst. Den anderen als Mensch wahrzunehmen ist Ausdruck der Würde die ihm zusteht.

Es gilt, einem Menschen Wertschätzung entgegenzubringen und ihn zu ermutigen. Das ist ein Zeichen des Respektes. Die Klientin, der Klient mit ihrer/seiner Lebensgeschichte braucht Anerkennung und Würdigung. Nicht gleich den Werkzeugkasten der Hilfen.

Oftmals spielen Selbstablehnung oder Versagensängste eine große Rolle. Es braucht die Augenhöhe von Person zu Person. Es geht nicht darum, die eigene Professionalität hintan zu stellen. Es braucht die Wahrnehmung des Menschen, der als Mit-Mensch mir begegnet, ohne seine Not, seine Problemlagen, sein Scheitern oder Versagen zu übersehen. Es braucht Empathie. Jeder Mensch hat Potentiale, die es ihm ermöglichen, sein Leben zu gestalten.

Keine Verurteilung

Ich hatte mit einer alkoholabhängigen Frau zu tun, die ihre Tochter vernachlässigte. Mehrere hundert Seiten umfasste die Akte bereits, als ich mich mit der alleinerziehenden Mutter und ihrer Tochter zu beschäftigen hatte.

Alle meine Vorgängerinnen kämpften mit der Frau ständig darum, ihr ihre Alkoholsucht „beweisen“ zu müssen, um dann eine Heimeinweisung des Kindes vor Gericht „durchzubringen“.

Im ersten Gespräch mit der Frau entschloss ich mich, die Sucht als Fakt stehen zu lassen und mit ihr zu überlegen, was denn nun das Beste für ihre Tochter sei.

Bei einem Gerichtstermin vermerkte sogar ihr Anwalt, dass sie nun nicht mehr durch die Bezirkssozialarbeit auf der „Anklagebank“

sitzen würde. Es würde im Gegenteil eine für ihre Tochter förderliche Unterbringung im Fokus stehen.

Diese veränderte Blickrichtung ermöglichte es der Frau, eine Fremdunterbringung ihrer Tochter in einem Heim zu erwägen und schließlich auch zuzustimmen. Sie war nicht mehr selbst im Schussfeld. Keiner klagte sie an. Sie konnte sich mit der Not ihrer Tochter beschäftigen.

Der Mensch: ein Beziehungswesen

So wichtig es ist, die Individualität jeder einzelnen Person im Fokus der Sozialarbeit zu sehen, der Mensch ist ebenso ein soziales Wesen.

Von Geburt an sind wir auf Beziehungen angewiesen. In den ersten Lebensjahren steht die Entwicklung einer stabilen Bindung im Vordergrund. Je älter die Kinder werden, desto mehr kommen die Nachbarskinder, die Freundinnen und Freunde aus dem Kindergarten in den Blick. Das soziale Netzwerk vergrößert sich. Schule und Peergroups gewinnen Bedeutung. Die erwachende Sexualität, der Wunsch nach Partnerschaft und vielleicht nach eigenem Nachwuchs. Im Studium und im Beruf ist Beziehung zu den Kolleginnen und Kollegen wichtig. Familien befreunden sich, Netzwerke werden gesucht und bis ins hohe Alter behält der Mensch seine Beziehungsfähigkeit und -bedürftigkeit.

Soziale Arbeit muss die Gemeinschaft, die Bezugspersonen, in denen der Klient, die Klientin lebt, mit in den Blick nehmen. Es gilt das System wahrzunehmen und einzubeziehen. Und es gilt auf Angebote hinzuweisen, in denen sich der Klient, die Klientin als eingebunden erlebt.

In München sind z.B. die „Alten- und Servicezentren" eine enorm wichtige Beziehungsplattform, um der Einsamkeit im Alter begegnen zu können.

Orte an denen Beziehungsfähigkeit, gegenseitige Achtung und Respekt gelernt werden können, gilt es einzurichten und ihre präventive Chance wahrzunehmen. Jugendarbeit, Jugendzentren, Kultur- und Sportvereine, Selbsthilfegruppen – die Sozialarbeit muss diese Angebote ins Spiel bringen und nutzen.

„Harambee" – gemeinsam sind wir stark

In den Jahren vor meiner Berufstätigkeit als Sozialpädagoge gestaltete ich mit ehrenamtlichen Mitarbeitern eine „Jungengruppe". Ihr Name „Harambee" kam aus Kenia und bedeutete wörtlich übersetzt „hau-ruck".

Die Bedeutung war jedoch viel weiter zu verstehen. Harambee meint ein gemeinsames Engagiertsein, eine Haltung. Es geht um Gemeinsinn und die Überzeugung, miteinander etwas zu gestalten, etwas zu erleben. Um diesem Gedanken auch einen konkreten Ausdruck zu verleihen, haben wir verschiedene Aktionen gestartet.

So waren wir z.B. auf eine kleine Jugendherberge in der Nähe von Landsberg am Lech aufmerksam geworden, die in einem erbärmlichen Zustand war. Sie sollte aufgegeben werden. Wir boten dem Herbergsverband an, mit den Jugendlichen etliche Renovierungsarbeiten durchzuführen, wenn das Material bezahlt würde. Nach einem Wochenende erstrahlte die Juhe in neuem Glanz. Und für die Gruppe war es eine besondere Erfahrung.

Eine relationale[1] Kultur

In ZEIT-WISSEN 1/2022 wurde ein Artikel veröffentlicht, der das Miteinander als soziale Dimension thematisiert. Hier wird mit Verweis auf indigene Kulturen der modernen, individualistischen Gesellschaft ein Spiegel vorgehalten.

In dem Text werden verschiedene Beispiele indigener Völker dargestellt. U.a. aus Papua-Neuguinea wird ein „zentraler Wert der hier ansässigen Menschen" beschrieben. Mit dem Wort „ramkandiar" ist eine besondere Form von Empathie gemeint. „Das Hauptnahrungsmittel am Fluss Ramu ist Sagomehl, das aus dem Mark der Sagopalme gewonnen und unter anderem zu Brotfladen gebacken wird. Jedes Kind bekommt zur Geburt einige noch junge Palmen und wächst gewissermaßen mit diesen auf.

---

1 Relational: in Beziehung stehen (Das Lexikon, Band 12, S. 195)

> Es gibt allerdings ein Tabu: vom Mark der eigenen Palmen zu essen. Wer Sagogerichte essen möchte, ist daher auf die Palmen anderer angewiesen. ... So ist jede Person in ein Beziehungsgeflecht des Nahrungsaustauschs eingebunden."

Die Vorstellung, in so ein soziales Geflecht eingebunden zu sein, mag uns in unserer Gesellschaft befremdlich erscheinen. Auch wenn sich in unserer Kultur Fürsorge und soziale Partnerschaft, gegenseitige Unterstützung (wie sie z.B. in der Sozialgesetzgebung, im Gesundheitswesen, Rentenversicherung, u.v.m.) entwickelt hat, wurde die Sozialpartnerschaft immer mehr an Organisationen und staatliche Fürsorge delegiert.

Die gemeinsame Verantwortung des Einzelnen für die Gemeinschaft gerät mehr und mehr aus dem Blickfeld. Es entsteht ein Anspruchsdenken, das den Staat als unpersönliche Instanz wahrnimmt. Das Bewusstsein für die gemeinsame Verantwortung verdunstet.

Unsere individualistische Gesellschaftskonzeption stößt spätestens jetzt in der Klimakrise an ihre Grenzen. Nur noch gemeinsam können wir den Planeten retten. Nur noch gemeinsame Anstrengungen helfen.

Der Verweis auf die eigene Freiheit verliert die gemeinsame Verantwortung aus dem Blick. Es braucht ein relationales Korrektiv, das die individualistische Denke einhegt.

Der Mensch: ein relational bedürftiges Individuum

Sozialarbeit darf sich nicht alleine auf die individuelle Ebene begeben. Sozialarbeit muss die Gemeinschaft im Blick haben, um dem Menschsein gerecht zu werden.

So haben z.B. die Selbsthilfegruppen eine sehr große Bedeutung für die Unterstützung und Stärkung des Einzelnen, der wiederum auch die anderen im Blick hat und für sie da ist.

Ein Lichtblick sind die vielen ehrenamtlich Engagierten in sozialen Einrichtungen. Die freiwilligen Feuerwehren sind ein besonderes Beispiel für die gemeinsame Verantwortung in und für die Gesellschaft. Die ehrenamtlichen

Sporttrainer, die vielen Ehrenamtlichen in den Kirchen, die Tafeln, die Bahnhofsmission, u.v.m. nicht zu vergessen.

Der Mensch: ein transzendentes[1] Wesen

Ein dritter Aspekt, der hier bei dem Thema der Menschenwürde bedacht werden muss, ist die transzendente Dimension des Menschen. Wir leben heute in der westlichen Kultur, in der die transzendente Dimension des Menschen mehr und mehr verdunstet. Manche sprechen sogar von „transzendenter Obdachlosigkeit".

Fragen nach der Endlichkeit des menschlichen Lebens, nach Liebe, nach Sinn und Orientierung bleiben wesentliche Merkmale der menschlichen Existenz. Krankheit und Leid, Gebrechen und Tod brauchen mehr als Trostpflaster. Es sind Fragen, die die transzendente Dimension berücksichtigen kann. Vielleicht als Hinweis. Vielleicht als Weg. Vielleicht in Beziehung.

Die Sozialarbeit sollte die transzendente Wirklichkeit nicht nur als mögliche Ressource hinnehmen, sondern Menschen in ihren existenziellen Fragen ermutigen und ggf. begleiten. Die Skepsis gegenüber dem Religiösen mag an manchen Stellen berechtigt sein. Die transzendente Wirklichkeit jedoch zu leugnen oder zu verunglimpfen, scheint in der Begleitung von Menschen kaum hilfreich zu sein.

Fazit

Die Sozialarbeit wird immer zuerst die Würde des Menschen im Blick haben. Sie wird den Menschen als Beziehungswesen wahrnehmen und seine transzendenten Fragen ernst nehmen.

---

1 Transzendenz: eine Wirklichkeit, die nicht über den Verstand wahrgenommen wird. (angelehnt an Das Lexikon, Band 15, S. 43)

Nebenstehende Abbildung: Ein antiker Weg in Bethsaida.

Den Sinnhorizont entdecken

Lebe das,
was du vom Evangelium verstanden hast.
Und wenn es noch so wenig ist,
lebe es!

Frère Roger (Taizé)

Bezug zum theologischen Teil

„Geheiligt werde dein Name“

„Geheiligt werde dein Name“ – was soll das denn bedeuten? Wie soll das denn gehen? Geheiligt[1] meint (umgangssprachlich) „besonders wichtig, von größter Bedeutung“.

Heilig ist vielen Menschen ihre Familie, manchmal ihre Freunde. Im Schwäbischen bezeichnen manche ihr Auto als „Heilig's Blechle“. Die Gesundheit wird häufig heilig gehalten: „Hauptsache gesund“ heißt dann der Spruch. „My home is my castle“ hebt das eigene Haus als besonders wertvoll hervor.

Wenn im katholischen Raum von „Heiligen“ die Rede ist, so sind dies Menschen, die für ihren Glauben Besonderes geleistet haben. Häufig haben sie als Märtyrer, als Märtyrerin ihr Leben gelassen. Sie gelten als Vorbilder im Glauben und Leben.

Ich bin, der ich bin

Wenn der „Name“ Gottes geheiligt werden soll, muss als nächstes die Frage geklärt werden, was der „Name“ Gottes bedeutet. Als Moses vor dem brennenden Dornbusch[2] nach dem Namen Gottes fragt, bekommt er zur Antwort: „Ich bin, der ich bin“, in Vergangenheit, Gegenwart und als Zusage auch für die Zukunft.

---

1 Geheiligt: ausgesondert, abgesondert vom Alltäglichen.

2 Ex 3,1 – 4,17

Auf vielfältige Weise hat sich Gott durch seinem Namen offenbart: als Schöpfer, als Vater und als Mutter, als Herr, als Beschützer, als weiser Geber der Gebote u.v.m.

Sinnsuche
Was der Mensch von Gott erkennt, wird sehr unterschiedlich sein. Der Prozess, dies ohne religiösen Hintergrund für sich zu klären, kann als „Sinnsuche“ beschrieben werden.

Es wird in der Sozialarbeit darum gehen, mitzuhelfen, einen möglichen „Sinnhorizont“ zu erkennen. Ein Mensch, der Sinn verwirklichen kann, erschließt sich eine gewaltige Ressource. Sinn wird im Vollzug, im Weg, im „Unterwegssein“ erkannt und braucht immer wieder Vergewisserung.

Weitere Gedanken und Überlegungen im anderen Teil des Buches.

Gedankensplitter für die Sozialarbeit

Sinn – eine starke Ressource

Sinn – ein großes Wort, eine Lebensaufgabe, oft gesucht und schwer zu finden. Es gilt in der Sozialarbeit, den je eigenen Sinnhorizont des Klienten, der Klientin entdecken zu helfen.

Manchmal stehen Probleme und Herausforderungen im Vordergrund, so dass es dem Klienten, der Klientin nur schwer möglich ist, über den „Sinn des Lebens“ nachzudenken. Oftmals hilft es, mit dem/den KlientInnen darüber zu sprechen, was ihr/ihm aktuell wichtig sei oder was er in gelungenen Abschnitten seines Lebens gerne gemacht hatte. Die eigene Sinndimension zu entdecken, kann eine enorme Ressource für die Klientin, den Klienten darstellen.

Es geht nicht darum, jemandem die Frage nach dem, was Sinn macht, zu beantworten. Es gilt jedoch mitzuhelfen, dass jemand ermutigt wird, in seinem Leben Sinnvolles zu entdecken.

Sinn erschließt Kraftquellen

In den letzten zwei Jahren meiner Tätigkeit als Bezirkssozialarbeiter hatte ich die Aufgabe übernommen, einem Klienten zu helfen. Er bat – noch im Krankenhaus – um Hilfe. Er wolle seine Wohn- und Lebensumstände so gestalten können, dass er in der Wohnung verbleiben könne. Er äußerte, dass er seine sozialen Kontakte im Umfeld nicht verlieren wolle. Er fürchtete, ansonsten ins Pflegeheim gehen zu müssen.

So standen – wie fast immer – die konkreten Bedarfe im Vordergrund: Eine Grundreinigung, eine medizinische Matratze, eine neue Waschmaschine, Unterstützung bei der Medikamenteneinnahme, körperliche Pflege - eine Fülle an Bedarfen.

Mit Unterstützung der Krankenhaussozialarbeiterin suchten und fanden wir einen Pflegedienst, der die medizinischen Bedarfe abdecken konnte. So stabilisierte sich der gesundheitliche Zustand – langsam, aber merklich. Ein haushaltsnaher Dienst konnte engagiert werden. Stiftungen halfen eine neue Waschmaschine zu besorgen.

Bei mehreren Hausbesuchen wurde jedoch die schwierige psychische Situation des Klienten deutlicher. Eine psychiatrische Begleitung durch einen Arzt war sichergestellt. Der Klient litt jedoch darunter, dass er keine „Selbstwirksamkeit“ mehr erleben konnte.

Er erzählte, er habe schon mal angefangen, an einem Buch zu schreiben. Er wolle über seine Erfahrungen mit der katholischen Kirche erzählen. Ihm sei jedoch der Sinn abhandengekommen. In den Gesprächen mit ihm sprach er Verletzungen aus der Jugendzeit in kirchlichen Einrichtungen an.

Ich ermutigte ihn, doch das Buch als „Projekt“ weiterzuschreiben. Es könne ja als Unterstützung für die therapeutische Begleitung durch den Psychiater bzw. durch einen Therapeuten dienen.

Einige Monate später erzählte er voller Freude, er habe weiter schreiben können. Ich sah an ihm zum ersten Mal ein kleines Lächeln.

„Unterwegs" erkennen wir …

Eine wichtige Erkenntnis, die auf Søren Kierkegaard zurückgeht, ist, dass das Leben vorwärts gelebt und rückwärts verstanden wird.

Wir finden oftmals erst in der Rückschau Spuren, die uns helfen, das, was für uns selbst „Sinn macht", zu entdecken.

Unterwegs meint nicht eine hektische Aktivität, nach dem Motto: „Fahren sie mich irgendwohin, ich werde überall gebraucht". Unterwegssein bedeutet, sich auf einen inneren und äußeren Weg zu begeben.

Dies geschieht manchmal besonders intensiv im Innehalten, in einem Prozess inneren Hörens. Achtsamkeitsübungen können helfen, sich seiner Selbst bewusster zu werden.

Aber natürlich auch in der Aktion, in einer körperlichen Herausforderung, bei Wanderungen und ähnlichem, erleben wir, wie sich unser Denken, unser Wahrnehmen öffnet und weitet. Bei der Abschiedsfeier eines Kollegen formulierte es jemand mit einem Augenzwinkern: „Trau keinem Gedanken, der dir im Sitzen gekommen ist."

Unterwegs sind wir auch mit anderen Menschen. Mit Partnern, mit den Kindern, mit Freunden. Im Gespräch, im Austausch, in der Begegnung bleiben wir „unterwegs". Den eigenen Horizont weiten durch Offenheit gegenüber anderen Kulturen, Religionen, Denkweisen usw.

Im „Unterwegssein" erleben wir die Sinnhaftigkeit im Horizont gelebten Lebens.

Ein Beispiel aus der Arbeit

Mit einem jungen Mann hatte ich vor einigen Jahren zu tun. Er hatte durch einen Geburtsschaden erhebliche Lernschwierigkeiten. Inzwischen arbeitete er in einem handwerklichen Betrieb und wurde ständig schikaniert. Er hatte Mühe, sich zu wehren.

Versagensängste plagten ihn. Arbeitslosigkeit befürchtete er, wenn er kündigen würde. Und im Übrigen habe er keinen Plan, wie es weitergehen könne. In mehreren Gesprächen entdeckten wir gemeinsam, dass auf dem „Zeitstrahl" seines bisherigen Lebens immer dort Lichtblicke aufblitzten, wenn er anderen „helfen" konnte.

> Ihm waren besonders Schwache wichtig. Für sie konnte er sich engagieren. Im Laufe des Kontaktes kristallisierte sich eine mögliche Chance heraus.
>
> Seine Fähigkeit, sich in die Situation anderer hinein versetzen zu können, wäre eine mögliche Ressource für eine berufliche Perspektive. Hier leuchtete im Blick auf seine noch junge Lebenszeit ein Sinnhorizont auf. Er fand auf jeden Fall den Mut, bei der jetzigen Firma zu kündigen und sich eine neue Stelle zu suchen.

Die Sozialpädagogik darf die Suche nach Sinn unterstützen, aber nicht abkürzen. Es braucht Zeit, dass ein Mensch seinen Weg erkennen und gehen kann.

Wie und wo finde ich Sinn?

Mit dem folgenden Bild eines Viaduktes[1] soll zweierlei veranschaulicht werden:

- welche Bereiche des Lebens bedacht und „gepflegt" werden sollten, wenn Sinn, Mut und Lebenskraft entstehen sollen; und
- wie wichtig es ist, auf möglichst alle Bereiche (Stützen) zu achten.

Bleibt eine „Stütze", ein Bereich „unterentwickelt", oder wird eine Säule überbetont, steht der Viadukt in Gefahr, instabil zu werden. Manche Menschen stürzen sich auf eine Idee, auf einen Traum, auf eine besondere Begabung und entfalten oft nur diese eine Dimension des Lebens. Bricht etwas weg, dann gerät das Lebenskonzept ins Wanken.

Die sechs Säulen haben in der erweiterten Bedürfnispyramide nach Maslow[2] ihren Ursprung. Sie sind sprachlich überarbeitet und nicht 100%ig deckungsgleich.

---

1 Viadukt: Ein Bauwerk – in antiker Zeit für den Wassertransport gedacht – das mit Hilfe mehrerer Bögen ein Tal überwindet. (Das Lexikon, Band 15, S. 477)

2 Auf den Zusammenhang von Bedürfnispyramide und Viaduktmodell gehe ich später noch ein.

Sechs Säulen der menschlichen Existenz[1]

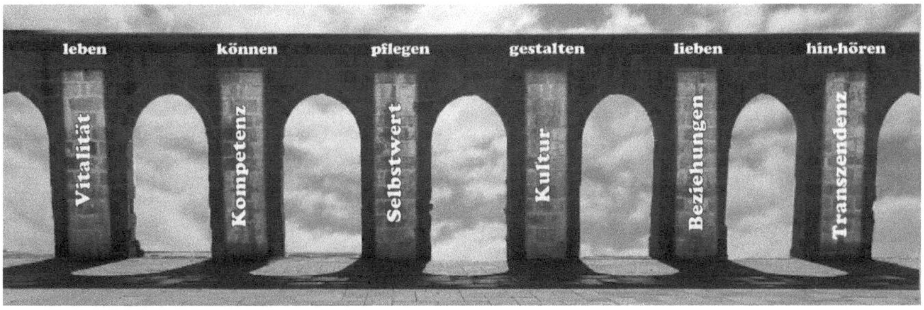

© Wege des Lebens

Der Viadukt - ein Bild für Ausgewogenheit

Manchmal geht ein Mensch durch die Wüste und erkennt nicht, wohin sein Leben führen mag. Was macht für ihn Sinn? Hier hat in einigen Gesprächen das Bild von sechs Säulen eines Viaduktes geholfen.
Es können Fragen gestellt werden:

- Was ist mir wichtig im Hinblick auf die verschiedenen Dimensionen des Lebens? Was möchte ich in den nächsten Jahren erreichen?
- Und es wird überlegt, ob eine Säule gänzlich fehlt. Ob eine Säule dominiert. Welche Säule – welche Dimension „schwächelt".

Im Arbeitsfeld des Bezirkssozialarbeiters konnten diese Fragestellungen nur sehr knapp einen Platz finden. Oftmals konnte ein Hinweis, eine Frage, eine Überlegung dem Klienten helfen, sich selbst auf die Spurensuche zu begeben.

In der Begleitung kann die Klientin, der Klient bildhaft ausgedrückt eingeladen werden, einen Hügel, einen Berg zu besteigen, um in der Weite die verschiedenen Bereiche/Dimensionen zu „imaginieren"[2].

Wohin will ich mich in den nächsten Jahren weiterentwickelt haben? Was brauche ich, um neue Wege gehen zu können? Gibt es Freunde oder Kollegen, mit denen ich unterwegs sein kann? Die Säulen sind je mit Verben überschrieben. Es wird darum gehen, pro-aktiv zu werden. Es gilt, sich auf den Weg zu machen.

---

1 Angelehnt an Überlegungen aus dem Institut für Logotherapie und Existenzanalyse Tübingen/Wien.

2 Imaginieren: Der Vorgang, sich etwas vorstellen zu können. Einbildungskraft und Kreativität. (Das Lexikon, Band 6, S. 596)

Vitalität – der kreatürliche Raum

Es geht um die essentiellen Dinge des Lebens. Es geht um die pure Existenz. Aber auch um Lebenskraft, Lebensfreude, Lebensraum. Ein Mensch braucht sie. Ohne sie wird er nicht „leben" können. Es geht um die existentiellen Bedürfnisse des Menschen, nach Essen und Trinken, nach Sicherheit.

Und es geht auch um den Boden, auf dem wir stehen, und die Luft, die wir atmen. Belebte und unbelebte Natur: Feld, Wald, Wiese, Berg und Tal, Bach und Fluss, Seen und die Meere, Pflanzen und Tiere, Sonne und Regen. Es gilt, das uns Anvertraute zu „bewahren".

Vielleicht braucht es hier ein stärkeres Wahrnehmen? Erlebe ich Freude und Dankbarkeit für das Leben oder überwiegt Frust, Enttäuschung, Not? Wie erlebe ich die Natur, die mich trägt? Es geht darum, das anvertraute Leben zu „leben". Gerade Menschen in der Großstadt geht oftmals diese Sinndimension verloren.

Wie die Gedanken dieser Säule eingebunden sind in den ganzen „Viadukt des Lebens", könnte eine Frage sein, die sich jemand stellen mag.

Kompetenz

Wir sind in der Lage etwas zu schaffen. Diese Dimension will Teilhabe sicherstellen. Es gilt zu „lernen", um etwas zu „können". Zu arbeiten, sich weiterzubilden.

Wir erschließen uns Kompetenzen.

Auch hier scheint die Einbindung in das Ganze wichtig zu sein. Sind wir Getriebene? Sind wir Sklaven der Arbeit? Sind wir nur Rädchen im System? Welche Rolle spielt Geld für uns?

Selbstwert

Oftmals steht diese Dimension entweder im Vordergrund und dominiert alles andere oder sie wurde stiefmütterlich vergessen. Finden wir zu einer freundlichen und wahrhaftigen Einstellung zu uns selbst? Können wir uns selbst wertschätzen? Unsere Selbstwahrnehmung gilt es zu „pflegen".

Selbstfürsorge könnte eine wichtige Rolle spielen. Es braucht Achtsamkeit, sowohl im Blick auf unsere physische, wie auch für unsere psychische Gesundheit. Wie kann sich diese Säule entwickeln?

Kultur

Welche Ideale, welche Ziele, welche Werte bewegen mich? Aus diesen inneren Überzeugungen erwächst – sofern es zur Umsetzung kommt – Kultur.

Über Kultur sind wir mit der Menschheit verbunden. Das Bewusstsein der eigenen Geschichte und die Verwobenheit mit den Generationen vor uns helfen Verantwortung zu übernehmen und in der anvertrauten Lebenszeit das Leben zu „gestalten". Wie kann sich diese Säule entwickeln? Was kann ich beitragen? Was ist mir gegeben?

Positive Beziehungen

Freunde und Partner. „Der Mensch ist des Menschen Medizin" (Paracelsus). Manchmal gibt es Hindernisse die zu überwinden sind. Alte Verletzungen, die triggern könnten, brauchen Heilung.

„Lieben" ist hier das Verb, das es zu leben gilt. Es geht um wertschätzende Hinwendung.

Transzendenz

Warum? Wofür? Woher? Wohin? Fragen, die unser Menschsein ausmachen. Diese „Säule“ wird manchmal übersehen. Ohne sie entwickelt zu haben, könnte ein Leerraum entstehen.

Häufig wird die Leerstelle erst in Krisenzeiten bewusst wahrgenommen. Es braucht Stille, Meditation und Achtsamkeit. Es geht um „Hören“, um „Hin-hören“. Welche lebensfördernden Worte sprechen mich an? Es gilt, sich für verschiedene Formen der Wahrnehmung Zeit zu nehmen.

Mir hat das Bild des Viaduktes mit den unterschiedlichen Dimensionen geholfen, in den Gesprächen mit KlientInnen innerlich aufmerksam zu sein. Manchmal half es, nachzufragen oder einen Gedanken zu „unterstreichen“.

Es galt die Klientin, den Klienten zu ermutigen, ihrer/seiner Spur zu folgen, vielleicht auch mal was Neues auszuprobieren und die Ausgewogenheit im Blick zu haben.

Alles auf eine Karte

In meiner Hamburger Praktikumszeit bekam ich Kontakt zu einer äußerst begabten Harfenistin. Sie studierte am Konservatorium und hatte bereits einige Konzerte gegeben. Sie hatte alles auf „eine Karte“ gesetzt. Schleichend, zunächst nur für sie wahrnehmbar fingen ihre Finger an zu zittern. Später merkte sie, dass sie keine ruhige Hand mehr hatte und nicht mehr spielen konnte. Bald sechzehn Jahre Musikausbildung mit viel Mühe und Verzicht lagen wie ein Scherbenhaufen vor ihrem Lebensentwurf. Eine Nervenkrankheit, die sie anscheinend geerbt hatte, brach aus. Und nun betäubte sie sich in einer der Diskotheken auf St. Pauli mit ohrenbetäubendem Lärm und Drogen.

Ein Brief am Grab

Eine Übung hatte in einer Jungen-Erwachsenen-Gruppe eine starke Resonanz: Ich hatte die jungen Leute aufgefordert, sich zu überlegen, was am Ende ihres Lebens „über ihrer Lebenszeit“ stehen solle. Ihre Aufgabe war, einen Brief an sich selbst zu schreiben, in dem sie formulieren sollten, was ein Freund, eine Freundin an ihrem Grab sagen möge. Im Nachgang zu dieser Arbeitseinheit entstand ein engagiertes Gespräch über den Sinn des Lebens und über die je eigenen Sinnhorizonte für sie.

Fazit

Sinnsuche ist nicht „nice to have“. Sie erschließt vielmehr eine mächtige Ressource in der Bewältigung der vielfältigen Herausforderungen, in denen Menschen stehen.

Konkretionen erkennen

Der gute Mensch
bleibt immer
ein Anfänger.

Marcus Valerius Martial
(ca. 100 n.Chr.)

Bezug zum theologischen Teil

„... Dein Reich komme."

Wenn Jesus seine Jünger lehrt, „ ... Dein Reich komme", dann will Jesus, dass sich die Kultur des Abba-Vaters unter den Seinen entwickelt und Gestalt annimmt. Körner übersetzt hier: „Dein Königtum komme." Und meint damit, dass es eher um eine Lebensart, als um ein „Reich" gehen würde.

Ohne Konkretion bleibt die Abba-Kultur Idee. Im letzten Abschnitt habe ich die Notwendigkeit, Sinn für sich zu erkennen, formuliert. Das Menschenbild, wie es hier aufleuchtet, weiß um die Notwendigkeit einer Konkretion, einer Umsetzung dieses Sinns in die je eigene Wirklichkeit.

So braucht es auch in der Begleitung durch die Sozialarbeit die Mithilfe, eine mögliche Konkretion für sich zu finden. Wie kann ein Mensch seine Gedanken, die in seinem Herzen schwingen, umsetzen? Dafür sind Fantasie und Kreativität nötig. Und es braucht den Mut für die ersten Schritte.

Weitere Gedanken und Überlegungen im anderen Teil des Buches.

Gedankensplitter für die Sozialarbeit

Eine Idee braucht Gestalt

Es reicht nicht, nur eine Idee in sich zu tragen. Es braucht eine konkrete Gestalt, damit keine Luftschlösser geträumt werden. Und es braucht dazu auch den Willen und das Wissen, wie Schritt für Schritt die Idee eine Gestalt bekommen kann. Im besten Sinn geht es um die Erfahrung von Selbstwirksamkeit.

Wem Gemeinschaft wichtig ist, der wird Wege suchen und Orte gestalten, in denen er Beziehungen leben kann. Wem die Gesundheit und das Wohl von Menschen ein Anliegen sind, der wird einen entsprechenden Beruf erlernen oder sich vielleicht ehrenamtlich engagieren, damit er Menschen helfen kann. Ob als Pflegerin oder Ärztin, ob als Chemiker in der Forschung oder als Biologe oder als ehrenamtlicher Mitarbeiterin bzw. Mitarbeiter in einer sozialen Einrichtung.

Bei den Protesten von „Friday for Future" wird es darum gehen aus diesem Aufschrei zu konkreten Formen der Transformation zu kommen. So erfuhr ich von einem jungen Mann, der aus dem Impuls für diesen Planeten etwas zu tun, in ein Physikstudium einstieg.

Imagination erlernen

Der Mensch ist – soweit bisher bekannt – das einzige Wesen, das sich Zukünftiges vorstellen kann. In der therapeutischen Arbeit mit Menschen wird diese Fähigkeit „Imagination" genannt.

Menschen anzuleiten, sich Konkretes vorzustellen, zu imaginieren, kann für viele eine Hilfe sein, aus dem „Sinnhorizont" zu konkreten Formen zu kommen. Ob in einer Notsituation ein Weg heraus entdeckt wird, ob es z.B. darum geht, sich vorzustellen, wie Versöhnung mit einem Anderen gehen mag, es wird eine Vorstellung davon brauchen, wie es „gehen" kann.

Ein Beispiel

In den Jahren nach der Apartheit in Südafrika kam es zu vielen „Wahrheits-Gesprächen". Nelson Mandela und der Übergangspräsident Frederik W. de Klerk etablierten eine Wahrheitskommission, die einen konkreten Weg vorgab. So mussten die Täter ihre Schuld, die begangenen Untaten, schonungslos in Gegenwart der Opfer bzw. deren Angehörigen bekennen. Die Opfer ihrerseits mussten sich bereit erklären, im Gegenzug auf Rache zu verzichten. Die Täter konnten später einen Amnestieantrag stellen, der durch eine Kommission geprüft wurde.

Ohne die Fähigkeit, sich vorher vorzustellen, zu imaginieren, wie es zur Versöhnung kommen könne, wäre das Land vermutlich im Blutvergießen untergegangen. Nelson Mandela und Frederik de Klerk erhielten dafür 1993 den Friedensnobelpreis.

Kreativität wecken

Oftmals steht dem Vorstellungsvermögen eine mangelnde Erfahrung von Kreativität im Wege. Auch wer sich massiv ängstigt, wer Hunger leidet, wer gedemütigt wird, wer Versagensängste hat, wird kaum Kreativität entwickeln können.

Trotzdem erscheint die Fähigkeit, kreativ etwas schaffen zu können, ein Schlüsselweg zur Bewältigung von Krisen zu sein. So ist die Entwicklung der Gospelgesänge in den Südstaaten der USA ein Beispiel für das Ertragen und an manchen Stellen für die Überwindung des Sklavendaseins der schwarzen Bevölkerung.

Ein Beispiel: Creaction

In den ersten Jahren meiner Berufstätigkeit unterstützte ich eine Jugendgruppe, die sich bereits in ihrem Namen „Creaction" die Kreativität zum Hauptinhalt gegeben hatte. Im Rahmen eines Projektes wurde mit den Teenagern ein Musical, ein Theaterstück entwickelt, einstudiert und zur Aufführung gebracht. Eine schöne Form, Kreativität zu entdecken, Selbstwirksamkeit zu erfahren und Gemeinschaft zu erleben.

Mögliche Wege

In der Einzelarbeit und, wie das obige Beispiel zeigt, auch gemeinsam kann die Fähigkeit zur Kreativität gefördert werden. Eine Aufgabe bewältigen. Nach Lösungswegen suchen. Versuch und Irrtum nicht als Versagen deuten. Es gilt aus Fehlern zu lernen und nicht das Versagen zu meditieren.

Im Besonderen möchte ich hier die positive Wirkung von Mannschaftssportarten erwähnen. Zunächst stehen die Technik und die Raumaufteilung im Vordergrund. Aus dem „Können" kommt es dann zur kreativen Lösung im konkreten Spiel und im Zusammenwirken der Mannschaft.

Ebenso hat Klettern eine starke Wirkung. Die Fähigkeit, in einer Felswand einen Weg nach oben zu finden, stärkt das Bewusstsein, auf anderen Gebieten kreative Wege auszuprobieren. Das sich gegenseitige Sichern stärkt das Verantwortungsbewusstsein und das Vertrauen.

Aus einem Alten- und Servicezentrum in München hörte ich von der positiven Erfahrung gemeinsamen Kochens. Auch Mal- und Zeichenkurse erfreuten sich großer Beliebtheit. So schön und wichtig „Kaffeekränzchen" sind, Kochen, Gestalten und Tanzen haben eine enorme Wirkung auf die seelische Gesundheit.

In der Sozialarbeit bedarf es viel Ermutigung, zu kreativen Lösungen zu kommen. Oftmals waren Klienten und Klientinnen regelrecht blockiert. „Immer mehr vom Gleichen" war ihre Strategie, die sie in die Sackgasse führte. Es braucht Ermutigung, mal neu, mal anders zu denken.

Verantwortung übernehmen

Es gilt aus dem eigenen „Sinnhorizont" heraus Verantwortung zu übernehmen. Verantwortung für eine Sache, für ein Projekt, für eine Gemeinschaft von Menschen u.v.m.

Bereits in meiner Diplomarbeit hatte ich mich für die überaus wichtige Verantwortungsübernahme als Entwicklungsschritt im Jugendalter interessiert. Anhand einer Jugendfreizeit, noch konkreter in der Unterstützung eines aus dem Iran geflüchteten Jugendlichen, konnte ich Beispiele von Verantwortungsübernahmen aufzeigen.

Je mehr sich ein Jugendlicher aus den Vorgaben der eigenen Familie emanzipiert, desto größer wird seine Aufgabe, für sich Orientierung zu finden und Verantwortung für sein Leben zu übernehmen. Verantwortung geschieht jedoch nicht im „luftleeren" Raum. Verantwortung bedeutet Antwort geben zu können.

Verantwortung bedeutet zu antworten

Hier ist nicht der Platz, um das Thema zu vertiefen. Nur so viel: Verantwortung ist ein sozialer Vorgang.

Manche sprechen jedoch von Eigenverantwortung und meinen damit, dass sie nur sich selbst gegenüber Rechenschaft ablegen müssten. Sie verweisen auf ihre Werte und Vorstellungen. Eigenverantwortung kann es jedoch nur insoweit geben, als die Person die Konsequenzen ihres Handelns nur alleine zu tragen hat. Sobald jedoch im Horizont der eigenen Handlungen andere Individuen betroffen sind, wird man nicht mehr von „Eigen-“ Verantwortung sprechen können.

Wie gering allerdings das Bewusstsein für die Verantwortlichkeit ausgebildet ist, wird heute besonders im Verhalten gegenüber der Umwelt deutlich. Es ist ernüchternd, wie bereitwillig Risiko und Belastung exportiert werden. Wir nehmen das Fracking-Gas aus den USA – Hauptsache es findet keine Gasförderung bei uns statt. Wir haben kein Problem mit dem Kohlestrom aus Polen der Dreck ist nicht bei uns. Das Silizium für die Akkuherstellung kommt aus Chile mit enormen Belastungen für die dortige Bevölkerung; ein Abbau in Europa kommt nicht in Frage. Freiwillig 110 km/h (oder 130) auf der Autobahn könnte ein Zeichen von Verantwortungsübernahme sein. Zu vermuten ist allerdings, dass es erst zu Verboten kommen muss, bevor das Verhalten sich verändert.

Mit dem Verweis auf die Verantwortlichkeit eines Menschen wird der Blick auf die Handlungsfähigkeit einer Person gelenkt. Sie gilt es zu fördern, es braucht Ermutigung und Wertschätzung für das bereits Geleistete.

Fazit

Ohne konkrete Umsetzungsmöglichkeiten bleiben alle Wünsche, Ideen, Vorstellungen Makulatur. Die Erfahrung „ich kann etwas bewirken“, „ich kann etwas gestalten“ motiviert in vielen Lebensbereichen Ideen zur Veränderung aufzugreifen.

Willen und Kraft entwickeln

Wenn ich wissen will,
was ich will,
muss ich auf das schauen,
was ich tue.

(Paul Watzlawick)

Bezug zum theologischen Teil

„... Dein Wille geschehe."

Mit „Dein Wille geschehe" im VaterUnser geht es nicht um „Willensaufgabe". Jesus geht es im VaterUnser darum, die Abba-Kultur ins Leben zu bringen.

Es gilt mit dem ganzem Wesen, mit aller Kraft, in den Willen Gottes, „die Liebe zu leben"einzuwilligen. Natürlich in der je eigenen Art und Weise. Als ein Blinder[1] auf Jesus zuläuft, fragt Jesus zuerst: „was willst du, dass ich dir tue." Jesus respektiert den Willen seines Gegenübers.

Unter Wille kann die Entschlusskraft des Menschen verstanden werden. Im Menschenbild, das Jesus mit dem VaterUnser vorstellt, ist der unbedingte Wille zu einem aus Liebe geprägten Leben essentiell. Nicht bloß ein Wunsch, nicht nur eine Idee, sondern mit Willen und Kraft versehene tätige Liebe.

So wird es in der Sozialarbeit darum gehen im Klienten, in der Klientin Kraft und Willen zu wecken.

Häufig sind Versagensängste, ist Niedergeschlagenheit, sind Schuldgefühle und womöglich das ängstliche Schauen auf die scheinbar ausweglose Situation starke Blockaden. Es entsteht ein „Teufelskreis" aus mangelnder Perspektive (Sinn), aus dem Verlust von Kraft (Resignation) und Tat (Lähmung) und negativen, verurteilenden Worten (Entmutigung).

Wie diese psychische und oft auch physische „Abwärtsspirale" überwunden werden kann, wird in dem aramäischen Wort „DAWAR"[2] aus dem Johannes-

---

1 Mk. 10, 51

2 Die aramäische Sprache ist sehr facettenreich. Das Wort DAWAR enthält sehr viele Bedeutungen. Von Prof. Kurz vom Institut Logotherapie und Existenzanalyse Tübingen/Wien stammt die zusammenfassende Beschreibung in dem Begriff: Sinn. Siehe auch: Goethe Faust I, Verse 1224 ff

prolog[1] für das Wort „Logos " deutlich. In Joh. 1, 14 heißt es: „Und das Wort (DAWAR) wurde Fleisch". Damit wird ausgedrückt, dass Gott in Jesus Mensch wurde. In Jesus wird ***wahrhaftiges*** Wort, ***entschlossene*** Tat, ***liebende*** Kraft zum ***erfüllenden*** Sinn.

Gedankensplitter für die Sozialarbeit
Im folgenden Abschnitt versuche ich einen Weg zu beschreiben, wie die Sozialarbeit mithelfen kann, dass ein Klient, eine Klientin für sich diesen Weg findet, Willen entwickelt und wie daraus Kraft erwächst. Je klarer ein Mensch seine eigenen inneren Impulse erkennt, desto mehr wird seine Resilienz gestärkt.

DAWAR – die wichtigsten Ressourcen entdecken

In der Sozialarbeit begegnen wir häufig Menschen, denen die Kraft verloren ging. Die Kraftfrage scheint ein großes Problem für die Klientinnen und Klienten, aber auch für die Sozialarbeiter und Sozialarbeiterinnen zu sein.

Wenn der Sinnhorizont verloren ging, steht häufig schnell die Kraftfrage im Mittelpunkt. Oftmals entzündet sich ein „Burnout" an einer konkreten Situation. Manchmal aber schleicht sich die Erschöpfung kaum merkbar, langsam in den Alltag ein und am Ende fragt man sich, wie es denn überhaupt so weit kommen konnte. Doch was kann helfen?

Ich will hier auf das aramäische Wort DAWAR näher eingehen.

DAWAR: Wort-Tat-Kraft-Sinn

Die Begriffe Wort-Tat-Kraft-Sinn mögen für den einen oder anderen abstrakt erscheinen. Sie sind jedoch sehr konkret gemeint. Ein Klärungsversuch:

> ***Worte***
> Mit „Wort" sind alle möglichen Gedanken, Texte, Begriffe, Sätze usw. gemeint, die ein Mensch hört, liest oder anderweitig „sensorisch" wahrnimmt. Das Wort findet dabei erst in der Gedankenwelt

---

1 Joh. 1,1

eines Menschen zu einem wirkkräftigen Wort. Allerdings kann das gleiche Wort unterschiedlich gehört, bedacht und gewertet werden.

Negative Festlegungen, bösartige Beurteilungen wirken in uns viel nachhaltiger als wertschätzende, positive Zuschreibungen. Negative Festlegungen bewirken zerstörerische Kräfte, die ihre Wirkung in uns entfalten. Leider erhalten „negative" Worte häufig eine größere Wirkkraft als „positive" Gedanken. Und es scheint, dass gehörte Worte einen stärkeren Widerhall in uns auslösen als gelesene oder gedachte Worte.

Von einem deutsch-kolumbianischen Ehepaar hörte ich eine nette Anekdote: Die kolumbianische Frau beschwerte sich, dass ihr deutscher Mann sie nicht lieben würde. Der Ehemann war ganz verzweifelt, denn in vielem, was er tat, sendete er, seiner Meinung nach, lauter Liebesbotschaften. Irgendwann „platzte" seine Frau und schrie ihn an: „Ich muss es hören, dass Du mich liebst!!!"

Sehr häufig sind „Worte" in uns verborgen. Sie müssen entdeckt werden. Eine Kollegin erzählte mir auf die Frage, welche Worte sie in sich trage, dass ihre Eltern sie in ihrer Kindheit „Gürkchen" genannt hatten. Was für eine Zuweisung für ein kleines Mädchen! So ein Wort behält manchmal das ganze Leben Wirkkraft, solange nicht Leben schaffende Worte gefunden und bedacht werden.

Ein weiteres kleines Beispiel: Meine Frau und ich saßen in Süditalien in einer Pizzeria. Auf mehreren großen Leinwänden liefen Videoclips eines italienischen Senders. Schicke Männer, zumeist mit Machogehabe, und edel aufgestylte, bildhübsche Frauen, die mit lasziven Bewegungen die Männer umgarnten. Ein ähnliches Bild bei den Gästen im Restaurant. Sehr gut gekleidete Frauen, geschminkt und super frisiert, Männer, burschikos, aber auch auf das Äußere bedacht. Hier wirken zu Bildern gewordene „Worte".

Manchmal hilft es, sich anzuschauen, was und wie wir etwas tun. In unseren Handlungen wird oftmals erkennbar, welche „Worte" in uns Kraft entwickelt haben.

Tat

Der Begriff „Tat“ dürfte für die meisten klarer sein. Hierbei sind Handlungen gemeint, die wir bewusst und manchmal unbewusst vollziehen. Eine Tat steht meistens in einem Kontext, der die Tat in einem bestimmten Licht erscheinen lassen soll. Je stärker wir die Tat mit einer beabsichtigten Wirkung verknüpfen, desto klarer kann das durchscheinende „Wort“ erkannt werden.

Rote Rosen, einer ledigen Frau geschenkt, sendet – zumindest in unserer Kultur – eine klare Botschaft.

Kraft

Wie verhält es sich nun mit dem Wort „Kraft“? Mit „Kraft“ ist die Stärke gemeint, die wir entwickeln, wenn wir etwas tun wollen. Je mehr unser Handeln einem wirkkräftigen „Wort“ folgt, desto größer wird die Kraft sein, die sich in uns entwickelt.

Ein Kind, das hört: „Du kannst das!“ und wo nötig und möglich unterstützt wird, wird enorme Kräfte freisetzten können.

Die Worte von Kanzlerin Merkel „Wir schaffen das!“ haben 2015 Viele in unserer Gesellschaft motiviert, Flüchtlinge aufzunehmen und den mühsamen Weg der Integration gemeinsam zu gehen.

Welche Kräfte eine Gebärende entwickelt, ist unfassbar. Im besten Fall wurde ein Kind aus Liebe zwischen Frau und Mann gezeugt. Diese Liebe findet u.a. Gestalt in dem gemeinsamen Kind. In den Wehen werden Kräfte sichtbar, die aus Liebe zum Leben entwickelt werden.

Welche negativen Kräfte freigesetzt werden können, zeigten die Worte des abgewählten Präsidenten am 6. Januar 2021 von der „gestohlenen Wahl“ in den USA. Ein wilder Mob stürmte das Kapitol, um die Anerkennung der demokratischen Wahl durch den Kongress zu verhindern.

Sinn

Für viele ist der Begriff „Sinn“ schwer zu fassen, obwohl er umgangssprachlich häufig verwendet wird. Ob etwas „Sinn“ macht, wird häufig erst im Nachhinein erkannt. Sinn entsteht in der Wechselbeziehung von Wort und Tat innerhalb eines „Gedankengebäudes“, das jemand in sich trägt.

Um von fossilen Brennstoffen los zu kommen, erscheinen die Windenergie oder Photovoltaik sinnvoll zu sein. Das eigene Haus energetisch zu sanieren, erscheint vor dem Hintergrund der Klimakrise als äußerst sinnvoll. Ein Negativbeispiel: Ein besonders schnelles Auto zu kaufen und zu fahren ergibt Sinn, wenn es darum geht, mit dem Gefährt andere beeindrucken zu wollen. Leider werden dadurch manchmal Menschenleben gefährdet. Auf jeden Fall wird die Umwelt belastet.

In den vier Bedeutungen des Wortes DAWAR: Wort–Tat–Kraft–Sinn, leuchtet ein „Weg“ auf. „Worte“ in uns motivieren uns zu Handlungen. In Verbindung von Wort und Tat erleben wir „Lebensenergie“. Und, wenn es gut geht, erkennen wir im Ergebnis, wie sinnvoll es war. Im Zusammenwirken der vier Begriffe: Wort–Tat–Kraft–Sinn, kann der Mensch Willen entwickeln.

Viktor Frankl formuliert den oben beschriebenen Zusammenhang von Wort, Tat, Kraft und Sinn als ein Wissen um eine Lebensaufgabe. Er schreibt: „Das Wissen um eine Lebensaufgabe hat einen eminent psychotherapeutischen und psychohygienischen Wert. Wer um einen Sinn seines Lebens weiß, dem verhilft dieses Bewusstsein mehr als alles andere dazu, äußere Schwierigkeiten und innere Beschwerden zu überwinden.“

Die Sinndimension in der Sozialarbeit

Wie kann nun die Sinndimension für die Sozialarbeit nutzbar gemacht werden? Wie kann es gelingen, dass die Klientin, der Klient ihre Ressourcen entdecken und aufgreifen kann?

Weiter oben habe ich bereits auf den „Weg-Charakter“ des Prozesses, die Ressourcen wahrzunehmen, hingewiesen. Der Sozialarbeiter, die Sozialarbeiterin wird, wenn sich die Beziehung zum Klienten, zur Klientin positiv und stabil entwickelt, ein Wegbegleiter sein können. Allerdings braucht es eine innere Wachsamkeit der Sozialarbeiterin, des Sozialarbeiters, in guter Weise zuzuhören. Manchmal hilft es nachzufragen, sich zu interessieren, wie etwas gemeint sein könnte. In diesem Gesprächs- und Wahrnehmungsprozess kann ein Wort, das die Klientin, der Klient in sich trägt, aufleuchten. Oft genügt es, ein Muster in der Beschreibung der Klientin, des Klienten zu erkennen und sichtbar zu machen.

- Es geht zunächst um einen Wahrnehmungsprozess.
- Im Weiteren braucht es eventuell auch eine Neudeutung der Erfahrungen. Negative Erlebnisse verhindern oftmals, sich der eigenen Ressourcen bewusst zu werden. Sie können blockieren und entmutigen. Es kommt nicht zur Tat. Hier braucht es einen humorvollen Umgang mit schlechten Erfahrungen. Ich nenne es „die Ent-Täuschung zu begrüßen".
- Und zuletzt soll noch auf den „verengten Blick" hingewiesen werden. In der Not, der Enttäuschung ergreift Resignation häufig die Gedankenwelt eines Menschen. Aufschauen ist hier nötig.

Wahrnehmen – hören – fragend zuhören

In Gesprächen wird die Sozialarbeiterin Zeit darauf verwenden müssen zuzuhören, wahrzunehmen. Es braucht Empathie. Es braucht Zeit. Mitunter reicht der Blick auf das bisher Bewältigte. Es kann sein, dass in der Erinnerung ein verschütteter Gedanke, ein Wort, eine Idee, eine Begebenheit aufleuchtet. Im längerfristigen Beratungsprozess haben verschiede Methoden geholfen:

Hier nur ein paar Beispiele:

Die Zeitstrahl-Übung, bei der verschiedene Meilensteine markiert und „Glückszeiten" sowie „Abstürze" eingetragen werden. Mit einem Genogramm werden innerfamiliäre Bezüge sichtbar. Hilfreich kann auch ein Soziogramm mit der graphischen Darstellung der verschiedenen Bezugspersonen sein. In Gruppen hat sich die Aufstellungsarbeit sehr bewährt, bei der z.B. die Familienmitglieder mit Personen aus der Gruppe stellvertretend in Bezug zueinander aufgestellt und mit ihrer Rolle beschrieben werden.

Bei all den verschiedenen Methoden wird es darauf ankommen, die Chance zu ergreifen, dass der Klient, die Klientin sich selbst mit mehr Distanz, gewissermaßen in der „Draufschau", wahrnimmt. Der Sozialarbeiter, die Sozialarbeiterin hilft der Klientin, dem Klienten, den schönen, aber auch den unangenehmen Gefühlen Raum zu geben. Die anschließenden Gespräche bergen die Chance, „Mustern" auf die Spur zu kommen, sie zu entlarven und sie ggf. neu deuten zu können.

Klienten brauchen viel Ermutigung. Sie brauchen jemanden, der ihnen zuhört und mithilft, einen möglichen Deutungshorizont zu erahnen und ggf. zu erkennen.

In der Bezirkssozialarbeit bleibt oft nicht viel Zeit für diesen Wegprozess. Wenn dies jedoch gelingt, kann die Klientin, der Klient die negativen Bilder, Worte, Gedanken überwinden und frei werden, sich für lebensfördernde Worte zu öffnen. In einigen Gesprächen mit Müttern (und wenigen Vätern) war es z.B. hilfreich auf die ungesunde Opferrolle hinzuweisen, die ständig beschrieben wurde. Die Verbitterung bindet in negativer Weise die ehemaligen Partner aneinander und die Kinder sind die Verlierer dieses üblen Machtspiels.

Die Frage, was ihnen wichtig wäre hinsichtlich der Beziehung ihres Kindes zum anderen Elternteil, war zwar eine Zumutung, öffnete jedoch die Wahrnehmung.

Das Kind und was es wirklich braucht, stand plötzlich mehr im Mittelpunkt als die Ablehnung des ehemaligen Partners. Eine Mutter drückte es so aus: „Ja, meine Tochter braucht den Papa." In einigen Gesprächen und dann sogar vor dem Familiengericht fanden die Eltern eine gemeinsame Vereinbarung, die sie (er)tragen konnten.

In dem Prozess der Wahrnehmung braucht es Geduld und Aufmerksamkeit, zaghafte Äußerungen nicht zu überhören. Besonders „lebensfördernde Worte" bleiben lange verborgen, weil der Blick auf die negativen Worte dominiert.

Zwei Strategien und eine beeindruckende Geschichte

Ein humorvoller Blick, Enttäuschungen zu begrüßen, kann helfen

Ein weiterer Aspekt im Ringen um Kraft und Willen in uns ist die Bewältigung von Enttäuschungen. Wie geht ein Mensch mit dem eigenen Scheitern um? Lebensträume zerschlagen sich. Andere enttäuschen einen. Manchmal ganz unbewusst. Ein fehlender Blick, eine vergessene Verabredung u.v.m.

Alleine der zaghafte Hinweis darauf, dass die Ent-Täuschung die Täuschung beendet, hat manchen ein Schmunzeln abgerungen. Plötzlich stand die Frage: „Was mach ich jetzt?“ im Raum. Der Verweis darauf, dass viele geniale Erfindungen in der Überwindung von Irrwegen und Sackgassen entstanden seien, ermutigte manche KlientInnen, nach alternativen Wegen zu suchen. Es gilt, einen nicht gangbaren Weg als Sackgasse ausschließen zu können.

Wer in der Enttäuschung den Mut für einen anderen Weg findet, erhält wieder Zugang zu den Kraftquellen in sich selbst. Kraft entwickelt sich in der Freude, Kreativität in sich zu spüren. Wer Irrwege als Chance begreifen kann und an seinem „Wort“, an seiner Idee festhalten kann, wer schon mal über sich selbst oder die Situation lachen kann, ist bereits einen Schritt weiter. Er hat gute Chancen, Kraft in sich zu entwickeln, die schwierige Situation zu überwinden.

Es geht nicht um billigen Humor oder um „positives Denken“, das sich das Schlechte „gut“ redet. Für das „Umdenken“, für eine neue Perspektive, braucht es das je eigene Wort, das in einem Menschen lebt, die Tat, die daraus erwächst, und die Kraft, die sich bildet.

Aufschauen – Resignation überwinden

In vielen Fällen begegneten mir entmutigte Frauen und Männer. Ihre Schultern hingen häufig, Körperspannung fehlte ihnen. Einige konnten keinen Blick halten oder kamen gesenkten Blickes in die Beratung. Manche drucksten zunächst um ein später geäußertes Problem herum. Sehr häufig war Scham mit im Spiel. In einigen Gesprächen äußerte ich meine Anerkennung für die Lebensleistung, die sie bereits erbracht hatten. „Meinen sie wirklich?“ war mitunter ein erstes Anzeichen für aufkeimende Hoffnung.

Manchmal braucht es Zeit, um sich zu sortieren, um „auf zu schauen“. Es braucht hilfreiche Fragen, ob nicht auch eine andere Sichtweise möglich sei. „Immer mehr vom Gleichen“ war ein häufiges Muster zur Krisenbewältigung. Die penetrante Frage nach möglichen Alternativen hat manchmal verärgert, aber auch Kreativität freigesetzt.

Oftmals reicht es einen Impuls der Klientin, des Klienten aufzunehmen. Oder mit einer Geschichte oder einem Bild den Fokus des Klienten zu „weiten“. Es wird darum gehen, dass Menschen wieder aufschauen können. Probleme und Not verengen den Blick.

In einer Aufgabe Sinn entdecken

In der Bezirkssozialarbeit hatte ich einmal die Aufgabe, eine ältere Dame aufzusuchen und abzuklären, ob Bedarfe zur Lebensbewältigung vorliegen würden. Ihre Wohnung war so übervoll mit verschiedensten Gegenständen zugestellt, dass es nur schmale Wege zwischen Bett, Bad und Küche gab. Zunächst dachte ich an ein „Messiesyndrom" und hatte als ersten Impuls eine mögliche Entrümpelung als Hilfestellung überlegt.

Im Gespräch mit der Frau zeigte sich jedoch eine andere mögliche Sichtweise. Sie erzählte, sie habe erst vor wenigen Wochen eine zweite Wohnung räumen müssen, in der sie mit ihrem nun verstorbenen Partner gelebt hatte. Sie beschrieb ihre Aufgabe, sich nach und nach von den vielen Erinnerungsgegenständen zu trennen. In fast jedem Gegenstand sei eine Geschichte verborgen.

Da auf den ersten Blick keine „Vermüllung" zu erkennen war, Küche und Bad aufgeräumt und sauber waren und die Frau nicht unterversorgt wirkte, versuchte ich, sie in ihrer Bemühung, sich von den vielen Sachen zu trennen, zu bestärken.

Ich überlegte mit ihr, ob dies nicht für sie eine Trauerbewältigung sein könnte. Bei diesem Gedanken leuchteten ihre Augen auf. Ja, sie wolle diesen Weg gehen. Das wäre ihr Wunsch.

Eine kleine Übersicht, welche Unterstützungen für sie möglich wären, ging ich mit ihr durch. Ich empfahl ihr, zunächst die „Wege" in ihrer Wohnung von Stolperfallen zu befreien.

Da sie keine Hilfe in Anspruch nehmen wollte, blieb es bei einem Kurzkontakt und dem Hinweis, sie könne sich jederzeit an die Bezirkssozialarbeit wenden. Es sei ein besonderes Anliegen des Stadtrates, für die Seniorinnen und Senioren zu sorgen.

Ein kleiner Hinweis auf ihre jetzige Aufgabe, die bereits in ihr geschlummert hatte, machte für sie plötzlich Sinn. Sie fasste den Mut anzufangen.

Eine beeindruckende Geschichte:
Sonja Knips und der Maler Gustav Klimt

Ein besonders schönes Beispiel von der Wirkung, die Bilder auf uns ausüben, zeigt die Entwicklung der Baronin Sonja Knips aus Wien. Der Wiener Maler Gustav Klimt erhält von ihrer Familie den Auftrag, die junge Frau zu malen.

Zu diesem Zeitpunkt ist Sonja Knips 24 Jahre alt und kränklich. Es wird erzählt, sie habe zu dieser Zeit Depressionen gehabt und es wurde befürchtet, dass sie nicht mehr lange zu leben habe. Ihr Mann, ein reicher Kaufmann, beauftragte Gustav Klimt mit der Erstellung eines Bildes. Aus diesen Tagen existiert eine Photographie von Sonja Knips.

Gustav_Klimt_-_Sonja_Knips_-_4403_-_Österreichische_Galerie_Belvedere.jpg

Der Maler nimmt den Auftrag an, allerdings mit der Maßgabe, kein Portrait anzufertigen. Er möchte die Baronin kennenlernen und dann das Bild malen, das er von ihr sieht. Und tatsächlich, Gustav Klimt nimmt sich viel Zeit, die Frau kennenzulernen, und fertigt schließlich das gewünschte Gemälde.

Es zeigt eine schöne, junge Frau, die voller Lebenskraft den Betrachter ansieht. Kein Vergleich mit der Photographie. Hat sich Gustav Klimt geirrt? Was für ein Unterschied zum Foto! Gustav Klimt hat das gemalt, was er gesehen hat, was er „imaginiert" hat: das Potential der jungen Frau.

Die Familie Knips hängt das Bild in ihrem Wohnzimmer auf. Über Jahre geht Sonja Knips täglich daran vorbei.

Gustav Klimt: Interiors; Natter, Tobias G; Prestel Verlag; Kunst

Eine Portraitphotographie zeigt die Baronin 10 Jahre später.

(Art-Klimt.com) Baroness Sonja Knips 1908

Was für ein Unterschied! Wir sehen Sonja Knips, die voller Selbstbewusstsein, mit Körperspannung dem Photographen in die Kamera blickt. Aber nicht nur das Äußere hat sich verändert. Es wird erzählt, sie habe sich in verschiedenen Projekten engagiert. Sie habe eine Perspektive in ihrem Leben gefunden, einen Sinn entdeckt und sei aktiv geworden.

Zusammenfassung und Ausblick

Der erste Teil des VaterUnsers:

Die Ressourcen im Blick

Aus der Wertschätzung des Klienten, der Klientin, sie als Person, als Mit-Mensch und nicht nur als „Bittsteller“ wahrzunehmen, kann eine vertrauensvolle Beziehung entstehen, die nicht nur die Problemlagen, sondern auch die Ressourcen in den Blick bekommen kann. Aus dem Wissen um die Wertschätzung der eigenen Person entsteht Freiheit, den je eigenen Sinnhorizont zu entdecken. Wer darin eine Lebensaufgabe erkennen kann und versucht, sie konkret umzusetzen, wird Kraft und Willensstärke in sich erleben.

Die Gedanken des „DAWAR“ können Menschen innerlich befähigen, Krisen zu bewältigen. Hier werden Ressourcen entdeckt und geweckt. Die Wechselwirkung von Wort-Tat-Kraft-Sinn beschreibt einen „Raum“, den Willen zu entwickeln, selbst schwierigste Situationen zu bestehen.

Der zweite Teil des VaterUnsers:

Die Bedarfe im Blick

Ohne den Blick auf die eigenen Ressourcen zu verlieren, wechselt das VaterUnser nun den Fokus auf die Bedürftigkeit des Menschen. Die Fragilität, die Gefährdung des menschlichen Seins bleibt dem Menschenbild im VaterUnser nicht verborgen.

- Es geht um das Lebensnotwenige: um Nahrung und Versorgung, um ein Dach über dem Kopf usw;
- Es geht um das soziale Bedürfnis nach Vergebung und Neuanfang, aus dem Frieden und Freiheit erwachsen. Verbitterung gilt es zu überwinden.
- Und es geht im Menschenbild des VaterUnsers um das umkämpfte innerste Wesen des Menschen, das Schutz und Bewahrung und sehr häufig Heilung braucht.

Damit ist der nächste Abschnitt umrissen.

Die Grundbedürfnisse sichern

Wer allein Macht, Leistung und Besitz
als Ziele des Daseins gelten lässt,
der zerstört die Erde
und auch sich selbst.

Arno Grün

Bezug zum theologischen Teil

„...Unser tägliches Brot gib uns heute."

Die Verknüpfung der Bedürfnisse eines Menschen mit der Bitte um das tägliche Brot, dürfte für die Programmatik der Sozialarbeit leicht nachvollziehbar sein.

Das Menschenbild, das sich im VaterUnser zeigt, überzeugt hier mit göttlichem Realismus. Die Welt, in der wir leben, ist noch nicht das vollkommene Reich Gottes. Der Mensch ist von Anfang an bedürftig. Er braucht die Solidarität der Gemeinschaft anderer. Die Bedürftigkeit des Menschen bezieht sich nicht allein auf Materielles. Es geht auch um die seelische, die psychische und die soziale Bedürftigkeit, die das Menschenbild Jesu prägt.

Gedankensplitter für die Sozialarbeit

Bedürfnisse der menschlichen Existenz

Für manche geht es auch hier bei uns um das pure Überleben. Nicht alle, die auf der Straße leben, haben sich aufgegeben. Aber die meisten sind bedroht vom schieren Überlebenskampf auf der „Piste".

Bei meiner ehrenamtlichen Mitarbeit in der Münchner Bahnhofsmission begegnen mir sehr unterschiedliche Schicksale. Die Armut, die Bedürftigkeit ist bei den meisten Gästen offensichtlich. Essen und Trinken stehen im Vordergrund. Angemessene Kleidung, Schuhe, Mützen und Handschuhe sind gesucht. Ein freundliches Wort, ein – wenn auch manchmal kurzer - Blickkontakt wird sehr geschätzt. Die Vermittlung zu anderen Stellen der Sozialarbeit oder der hilfreiche Anruf bei einem Amt gehören zum täglichen Geschäft dieser Arbeit. Manchmal hinter einem traurigen Blick oder in verbaler und/oder handgreiflich aggressiver Form versteckt, wird die Sehnsucht nach Respekt, nach Wertschätzung und Beziehung sichtbar.

Armut hinter den Kulissen.

Da sind bedrohte Frauen, die kaum eine Unterkunft finden, genauso betroffen wie die Stricher-Jungen am Hauptbahnhof in München.

Menschen fallen aus dem System. Sie kommen mit den Anträgen nicht zurecht. Ihnen fehlt der Mut sich zu bewerben. Sie schaffen die einfachsten Tätigkeiten (waschen, ankleiden, aufstehen usw.) nicht mehr, um sich in einer Gesellschaft zu bewegen.

Es geht um die Existenz im gesundheitlichen Sektor. Und es geht um die Fähigkeit, im sozialen Umfeld mit anderen Menschen in Kontakt zu kommen und Beziehungen zu pflegen. Gleich am Anfang meiner Tätigkeit als Bezirkssozialarbeiter hatte ich mit einem älteren Herrn zu tun, der nicht mal mehr in der Lage war, Hilfe anzunehmen.

Die Bedürfnispyramide

Die Sozialwissenschaften haben vielfältige Modelle entwickelt, die die Bedürfnisse von Menschen beschreiben. Eines des bekanntesten und vermutlich ältesten Modelles, ist die die Bedürfnispyramide nach Masslow. Hier in einer Ergänzung, die selbst noch auf Masslow zurückgeht und die die transzendente Dimension mit einbezieht.

Diese Pyramide wurde seit ihrer Veröffentlichung mehrfach kritisiert. U.a. würde durch die Darstellung die Hierarchisierung zu stark betont.

Weiter oben habe ich bereits das leicht modifizierte Modell des Institutes für Logotherapie und Existenzanalyse (Tübingen-Wien) vorgestellt: das Viadukt Modell. Diese Darstellung nimmt nun keine Rücksicht auf eine Rangfolge, sondern betont die Ausgewogenheit der unterschiedlichen Dimensionen. Bedarfe der menschlichen Existenz .

Eine Zusammenschau

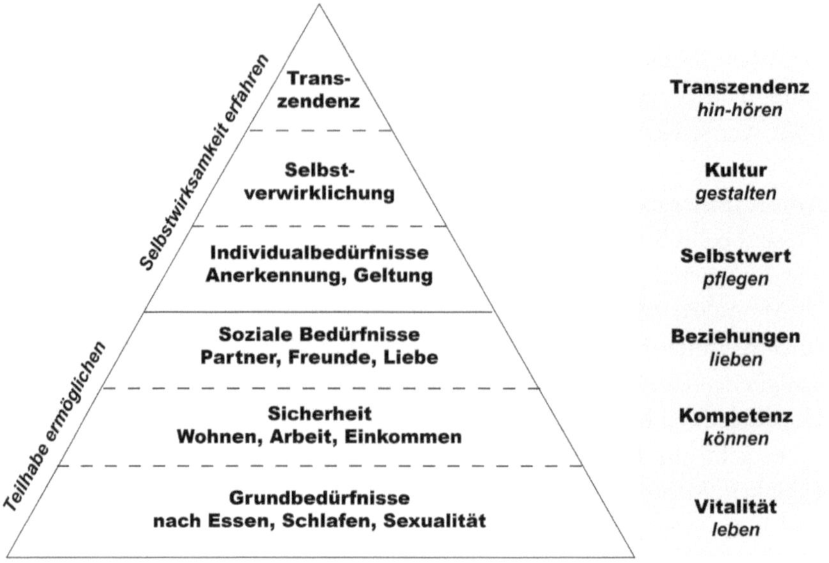

© Wege des Lebens

Eine strenge Abgrenzung zu den jeweils in der Pyramide von Masslow aufgeführten und in der „Säule" beschriebenen Dimensionen soll damit nicht ausgedrückt werden. Zusätzlich zur Pyramide und ihrer Entsprechung im „Viadukt Modell" sind hier in der Zusammenschau zwei Bereiche von besonderer Bedeutung, Teilhabe und Selbstwirksamkeit, eingefügt. Beide Bereiche werden im Anschluss näher bedacht.

Erst das Fressen, dann die Moral

Manche Leser werden einwenden, dass angesichts der Not die Frage nach Sinn Luxus wäre.

Erst wer satt ist, kann über sein Leben nachsinnen. Wer gewisse Grundbedürfnisse befriedigen konnte, wird über den Sinn des Lebens nachdenken können.

Da ist sicher etwas dran. Es wird in der Sozialarbeit darum gehen, die Ressourcen in einem Menschen entdecken zu helfen und mit ihm die Bedarfe zu stillen. Sozialarbeit darf jedoch nicht zum „Reparaturbetrieb" verkommen.

Wieviel Verachtung steckt in unserem System, wenn Fulltime-Jobber noch zum Jobcenter müssen, um ihren geringen Lohn „aufstocken“ zu lassen.

Hoffentlich geht es der Sozialarbeit um mehr, als nur den Menschen wieder „einsatzfähig“ zu machen, ihn sozusagen für die gesellschaftliche Mühle wiederherzustellen.

Es gilt die Menschenwürde im Blick zu behalten. Damit ein Klient die Stärke gewinnt, Hilfe zur Selbsthilfe anzunehmen, braucht es jedoch seine Ressourcen.

Nöte und Probleme im Vordergrund

In der Sozialarbeit stehen häufig Nöte und Probleme im Vordergrund: Das Geld reicht nicht aus. Die Kinder brauchen Unterstützung. In der Partnerschaft klappt es nicht mehr. Streitereien um Erziehung, um das Sorgerecht und den Aufenthalt der Kinder. Kriminalität, Suchtverhalten und die daraus entstehenden Probleme. Alles sehr konkrete Felder, in denen es darum geht, mitzuhelfen Lösungen, zu finden.

Es kann jetzt hier nicht darum gehen, z.B. die 150 Felder, die die Stadt München im Hilfenkatalog vorhält, aufzuzählen. Wie angekündigt, hier nun stellvertretend zwei Felder von besonderer Bedeutung.

Teilhabe und Selbstwirksamkeit:

Zwei Felder von besonderer Bedeutung

Teilhabe ermöglichen

Teilhabe, ein Feld von enormer Tragweite. Menschen sollen in die Lage versetzt werden, ihr eigenes Leben zu gestalten, eigene Entscheidungen treffen und mitbestimmen zu können. Der Begriff wird häufig im Zusammenhang von „Menschen mit Behinderung“ verwendet.

Im Kontext der Bezirkssozialarbeit wird er verstanden als die Unterstützung für alle Formen von „besonderen Bedürfnissen“ oder Benachteiligung im sozialen, politischen und gesellschaftlichen Umfeld.

Die Sozialarbeit wird sich um Menschen, die ein Handicap haben, kümmern. Ob aus gesundheitlichen Gründen, ob aus sozialen oder gesellschaftlichen Gründen, ob sie arbeitslos sind oder, oder, oder. Die sprachlichen Probleme und der Bildungsgrad der Ursprungsfamilie spielen dabei eine herausragende Rolle.

Wenn es darum ging, einem Kind einer Familie mit Einwanderungsgeschichte einen Kita-Platz zu sichern, entsprachen wir dem Anliegen und empfahlen eine Finanzierung. Wir versuchten, alle Mittel und Unterstützungsmaßnahmen zu forcieren, wenn es um Kinder und Jugendliche ging, die bereits „abgehängt" waren.

Ein mühsamer Weg, der, wenn er gelingt, enorme Wirkung entfalten kann. So gab es z.B. ermäßigte ÖPNV-Monatstickets. Schulwegbegleiter wurden vermittelt. Erstausstattung für den Schulbesuch konnte finanziert werden. Besonders Kinder von Alleinerziehenden wurden vielfältig unterstützt. Sowohl staatliche wie auch städtische Mittel standen zur Verfügung. Es gab mehrere Stiftungen, die enorme finanzielle Mittel für die unterschiedlichsten Bedarfe zur Verfügung stellen konnten. Für eine aktuelle finanzielle Notlage konnten „Penny"-Gutscheine ausgegeben werden. Für Familien gab es ein Jahresticket, um den Tierpark regelmäßig besuchen zu können.

Der Adventskalender der SZ – eine Spendenaktion Münchner Bürger – unterstützt verschiedene Initiativen und finanziert auch einzelne Personen. So bezahlte sie z.B. einem älteren Herrn, der kaum noch Zähne hatte, eine gründliche Zahnbehandlung. Nun traute er sich wieder unter Menschen und machte zaghafte Versuche, die Angebote des Alten- und Servicezentrums in seiner Nähe zu nutzen. Neben der direkten finanziellen Unterstützung wurden viele ambulante und stationäre Jugendhilfeangebote bedacht.

In diesem Feld werden wir noch in den nächsten Jahren die Folgen der Coronazeit zu spüren bekommen. Kitas, Schulen, ja sogar Spielplätze waren geschlossen. Die Interaktionsflächen fielen weg. Sportangebote brachen weg, Jugendzentren blieben geschlossen usw. Im Jahr 2022 stiegen die Jugendhilfemaßnahmen bereits stark an. Hier wird noch viel nachzuholen sein, damit Kinder und Jugendliche nicht die „Abgehängten" bleiben.

Xaver

Eine Mutter suchte die Sozialarbeit auf, weil sie und ihr Mann mit ihrem ältesten Sohn, nennen wir ihn hier Xaver, überhaupt nicht mehr zurechtkommen würden. Innerhalb eines halben Jahres „stürzte" er vom Gymnasium über die Realschule in die Mittelschule „ab".

Er „gehe nicht mehr in die Schule“. Er kapsle sich ab. Er hänge nur noch vor dem Computer. Sein einziges Interesse seien Computerspiele.“ Sein Vater hatte in seiner Heimat massive Prügelstrafen an sich selbst erfahren. In seiner Hilflosigkeit schlug er mit einem Gürtel seinen Sohn, um ihn wieder zum Lernen zu bringen. Die Mutter sah diesem Verhalten ihres Mannes tatenlos zu und hatte nun massive Gewissensbisse. In mehreren Gesprächen stellte sich heraus, dass Xaver einer der besten Freunde des Attentäters des Münchner Olympia-Einkaufszentrums war. Auch wenn Xaver selbst nicht als unmittelbar betroffen galt, so wurde er trotzdem traumatisiert. Wir empfahlen damals eine stationäre Jugendmaßnahme mit therapeutischer Begleitung und Lernunterstützung. Nach vielen inneren Kämpfen der Mutter willigten die Eltern schließlich ein und der Junge konnte zum nächsten Schuljahr in die Einrichtung umziehen. Nach zwei Jahren hörte ich von der ihn begleitenden Kollegin, dass er inzwischen wieder Mut gefasst habe und die therapeutische Intervention Wirkung zeige. Inzwischen habe er die Mittlere Reife geschafft und plane jetzt die Fachoberschule zu besuchen. Eine gelungene Maßnahme, die Teilhabe wieder ermöglicht hat. Und ein gutes Beispiel der Zusammenarbeit von Schule, Schulsozialarbeit und Bezirkssozialarbeit. Der Klassenlehrer hat an den Jungen geglaubt und der Direktor hat seine Hand über Xaver trotz seiner Eskapaden gehalten.

Selbstwirksamkeit erfahren

Unter Selbstwirksamkeit wird die Fähigkeit, das eigene Leben zu gestalten, verstanden. Selbst in Notsituationen soll ein Mensch die Kraft, den Willen und die Möglichkeit zu einer für ihn tragbaren Veränderung entwickeln können.

Phantasie, Kreativität, Frustrationstoleranz tragen u.a. dazu bei, die eigene Selbstwirksamkeit zu stärken und erfahren zu können. Konkrete Handlungen und nicht nur Ideen sind hier besonders wichtig. Das Bedürfnis, selbst etwas tun zu können, selbst an der Bewältigung des Problems mitzuwirken, ist von entscheidender Bedeutung für die soziale Arbeit.

Da sich die Selbstwirksamkeit aus den Ressourcen des Klienten, der Klientin speist, gilt es, sich Zeit für die Wahrnehmung der Fähigkeiten der KlientIn zu nehmen. Es braucht Ermutigung und Bestärkung, damit KlientInnen aktiv werden wollen und zur Tat finden.

In der präventiven Jugendarbeit habe ich bereits weiter oben einige Beispiele beschrieben, wie die Selbstwirksamkeit gefördert werden kann. Bei der Schuldnerberatung wurde z.B. darauf geachtet, dass der Klient, die Klientin je nach ihren Fähigkeiten und Möglichkeiten selbst mithilft, die Situation aufzuklären, nach Gründen der Verschuldung zu suchen, und konkrete Schritte einleitet. Soviel Unterstützung wie nötig und möglich.

Ressourcen wecken

Eine Kollegin erzählte von einem Vater, der im Zusammenhang mit der Corona-Pandemie arbeitslos geworden war. Da sein Sohn eine leichte Behinderung hatte, war dieser bei der Kollegin in Begleitung. Sie kam auf die Idee, den Vater in die Hilfe fortan intensiver zu integrieren, und zeigte ihm auf, wie seine Arbeitslosigkeit nun eine Chance, eine Ressource für seinen Sohn sein könne. Da der Vater nun Zeit hatte, in der therapeutischen Einrichtung mit dabei zu sein, sah er, wie sein Sohn aufblühte. Er sprach die Kollegin nach einigen Wochen an und betonte, dass er jetzt gesehen habe, wie sehr sie seinen Sohn unterstützen würde. Er habe von ihr schon in den ersten Monaten so viel für sein Verhalten gegenüber seinem Sohn gelernt.

In der Sozialarbeit gilt es mitzuhelfen, dass die Selbstwirksamkeit gestärkt und die Eigeninitiative nicht untergraben wird. Leider fehlt häufig die Zeit, sich als Sozialarbeiterin intensiv mit den Ressourcen der Klienten und Klientinnen zu beschäftigen und daraus eine Strategie der Veränderung mit den KlientInnen zu entwickeln.

Falsche Strategien überwinden

Leider gibt es auch Verhaltensweisen, die ständig wieder in neue „Schräglagen“ führen. Zwei häufig erlebte Strategien mögen als Beispiel genügen: „Schuld sind die Anderen“ und „Das Amt muss helfen“. Diese Denkart führt in Passivität oder Schicksalsergebenheit. Die Sozialarbeit muss Menschen befähigen Selbstwirksamkeit zu entwickeln.

Schuld sind meist die Anderen

Dies ist eine häufig gewählte Sichtweise, der ich in den Jahren als Bezirkssozialarbeiter begegnete. Viele Klienten und Klientinnen bedienten sich dieser Strategie, bei der die Ursachen für die Not, für das Problem im Umfeld, bei der Gesellschaft, der Politik, beim Partner, der Schule usw. gesucht wurden.

Frau Engbert

Eine Mutter, nennen wir sie hier Frau Engbert, die aufgrund von Drogenkonsum nicht ausreichend für ihren Sohn sorgen konnte, stand im Verdacht, massiv ihr Kind zu vernachlässigen.

Über 16 Monate versuchten eine Kollegin und ich die Mutter zu unterstützen, mit der Schule ins Gespräch zu kommen, Hilfsangebote zu machen, ambulante therapeutische Hilfe zu organisieren, die Schuldenberatung zu aktivieren, usw.

Doch immer deutlicher schlug die Schule Alarm, beide Großmütter waren unabhängig voneinander in größter Sorge. Öfter war der Junge bei der Tante, die zwei Kinder ähnlichen Alters hatte.

Als es dann nicht zu einer verabredeten Kindesübergabe zwischen Tante und Mutter kam, fuhr die Großmutter den Knaben zur Mutter. Da der Junge einen Schlüssel dabei hatte, konnten sie in die Wohnung und fanden die Mutter komatös schlafend auf dem Sofa. Trotz mehrfacher Versuche war sie nicht wach zu bekommen.

Als der Bub seine Mutter so sah, war er total von der Rolle. Weinend fuhr er mit der Großmutter zurück zur Tante.

Als Vertreter des Jugendamtes mussten wir sofort reagieren und nahmen den Jungen „in Obhut“. In dem Gespräch mit Frau Engbert verwies sie auf den Kindsvater, der nichts zu Stande bringe. Außerdem sei ihr Vater schuld an ihrer Situation, da er die finanzielle Unterstützung eingestellt habe. Und außerdem sei das System schuld – wie genau, konnte sie nicht beschreiben.

Diese Haltung verhinderte eine echte Veränderung und führte zur Vernachlässigung des Kindes. Im Familiengerichtlichen Verfahren wurde die alleinige elterliche Sorge auf den mit der Mutter nicht liierten Kindsvater übertragen. So konnte der Junge zu seinem Vater umziehen und fand ein neues Zuhause.

Das Finanzamt ist schuld

Ein älterer Herr kam in die Erstberatung und schilderte seine finanziellen Schwierigkeiten. Im Laufe des Gespräches kristallisierte sich heraus, dass das Finanzamt ihm „im Nacken“ saß. Auf Nachfrage, wie hoch denn die Forderungen seien, druckste er zunächst herum und gab dann schließlich an, dass fast eine Viertel Million Euro aufgelaufen sei. Auf die Frage, wie denn so eine große Steuerschuld zustande kam, sprach er zunächst von Selbständigkeit und schließlich davon, dass er ein Bordell betrieben und die Frauen „schwarz“ beschäftigt hätte. Schuld an seiner Misere seien das Finanzamt und die Sozialversicherungskassen und nicht sein kriminelles Verhalten. Eine Schuldenberatung wollte er nicht. Hier konnte die Sozialarbeit keine Hilfe leisten.

Ihr müsst mir helfen

Eine weitere, häufig geäußerte Erwartung, doch unbedingt die Hilfe sofort und wie gewünscht zu bekommen: Das Amt muss helfen! Die Eltern müssen helfen. Die Politik ist doch zuständig.

Stromkosten

In der Begleitung eines älteren Herrn stellt sich heraus, dass er zum zweiten Mal seine enormen Stromkosten nicht begleichen konnte. Wie bereits schon einmal erhalten, wollte er wieder eine 50%ige Stornierung seiner Kosten durch die Stadtwerke und die Übernahme der restlichen Schuld durch das Sozialamt. Er betrieb für sich und seine Tiere insgesamt vier Ventilatoren, die im Sommer praktisch rund um die Uhr liefen.

Dem Energieberater glaubte er kein Wort und verbat sich jede Einmischung. Wenig später liefen auf meinem AB, jeweils nachts, mehrere Anrufe auf, die immer fordernder und beleidigender wurden.

Eine Stromabschaltung konnte nicht verhindert werden. Das Alten- und Servicezentrum im gleichen Haus konnte zwar eine tägliche warme Mahlzeit für den Herrn anbieten; dass er dafür einen kleinen Obolus hätte zahlen sollen, verärgerte ihn aber erheblich.

Um die Bedarfe stillen zu können, müssen manchmal auch die falschen Strategien der KlientInnen angesprochen werden.

Die genannten Punkte „Schuld sind immer die anderen“ und „Ihr müsst mir helfen“ sind nur Beispiele. In der Begleitung, Beratung und Unterstützung von Klientinnen und Klienten wird es wichtig sein, solche Strategien zu entlarven. Ohne Eigeninitiative können Hilfen nicht greifen. Ein Fass ohne Boden lässt sich nicht füllen.

Fazit

Die Sozialarbeit muss sich intensiv mit den Bedarfen der Klientinnen und Klienten beschäftigen, ohne die Ressourcen der Menschen aus dem Blick zu verlieren.

Verbitterung überwinden - innere Freiheit gewinnen

Eine junge Frau,
die den Verrat einer älteren Frau überlebt hat,
während ihre Freunde getötet worden sind,
antwortete auf die Frage,
warum sie dieser Verräterin so offen begegnen würde:

"Diese Frau ist schon bestraft genug,
da sie ohne Liebe leben würde."
Anlässlich 25 Jahre Völkermord in Ruanda
Zitiert nach Hermann Schulz

Bezug zum theologischen Teil

„...vergib uns unsere Schuld, wie auch wir vergeben denen, die an uns schuldig geworden sind."

In der Bitte um Vergebung „vergib uns unsere Schuld, wie auch wir vergeben denen, die an uns schuldig geworden sind" geht es um innere Freiheit und Frieden.

Es wird zunächst die Beziehung „Gott-Mensch" mit der Bitte, dass uns Gott vergeben möge, bedacht. Jesus hat keinen Zweifel an der Vergebungsbereitschaft des Vaters. Es geht hier um den Menschen, der an seiner eigenen unzureichenden Liebesfähigkeit scheitert; der sich immer wieder anderen Götzen (Macht, Geld, Sex, Drogen etc.) zuwendet und damit in Unfreiheit gerät; der sich verstrickt in Egoismen, in Lügen, in Gewalt, in Neid und Stolz: Diesem Menschen wird zuerst angeboten, Frieden, ja Er-Lösung zu finden.

Im therapeutischen Kontext wird hier die Aufgabe verstanden, sich mit sich selbst zu versöhnen. Die transzendente Dimension wird allerdings oftmals übersehen.

Das Menschenbild, auf das das VaterUnser hinweist, hat eine sehr realistische Vorstellung von den Verletzungen, die wir Menschen uns gegenseitig zufügen. Es kennt die Sehnsucht des Menschen nach Frieden und Versöhnung, nicht nur untereinander, sondern auch mit sich selbst und mit Gott.

Gedankensplitter für die Sozialarbeit

Vergeben - ein Aspekt für seelische Gesundheit

Therapeutische Ansätze haben inzwischen die Bedeutung von Vergebung im Zusammenhang mit psychischer Gesundheit aufgegriffen. Insbesondere psychische und physische Gewalt hinterlassen tiefe Verletzungen. Oftmals schlummern niederschmetternde Erfahrungen aus der eigenen Kindheit und der Teenagerzeit in Klientinnen und Klienten. Hier braucht es Heilung und Versöhnung.

Wer sich diesen Verwundungen stellen kann, hat bereits einen ersten Schritt zu einem Prozess, der „Vergebung" zu ermöglichen vermag, geschafft.

Wir bleiben einander etwas schuldig

Es scheint eine Grunderfahrung des Menschen zu sein: Wir bleiben einander und uns selbst etwas schuldig. Wir werden verletzt, wir verletzen.

Nirgendwo wird dies deutlicher als dort, wo Menschen in engen Beziehungen leben oder zusammen arbeiten: in Partnerschaften und Familien, in Wohngemeinschaften, in Arbeitsteams usw. Wo wir uns aufeinander einlassen, stoßen wir aufeinander und werden oft einander nicht gerecht. Sehr häufig sind es Unachtsamkeiten, die den Anderen verletzen. Es kann jedoch auch zu heftigen Auseinandersetzungen und zu Gewalt kommen.

Es gibt sehr viele unterschiedliche Beweggründe, die Menschen dazu bringen, andere zu verletzen. Ob Absicht und Bosheit die Ursache für Streit und Verletzung sind, ob missbräuchliche Erfahrungen oder Verlustängste eine Rolle spielen: Es gibt viele Gründe, die zu Streit und Hass führen.

Das fängt schon in der Kindererziehung an und hört nicht auf, wenn wir älter werden. Wir erfahren Verletzungen und wir verletzen.

Die Sozialarbeit steht allerdings häufig aus Zeitgründen in der Gefahr, die

Bewältigung dieses Aspektes zu übersehen. Solange Bitterkeit, Zorn und Hass die Gedankenwelt eines Menschen beherrschen, wird er in der Opferrolle bleiben und an den Täter/Täterin gebunden sein.

In der Sozialarbeit geht es darum, Klientinnen und Klienten auf diesen Zusammenhang hinzuweisen. Manchmal ist ein kurzer Impuls der Anlass für einen Menschen, sich damit zu beschäftigen, und ggf. sich weitere Hilfe suchen. Dort, wo es möglich ist, sich mit einer KlientIn auf einen solchen Weg zu begeben, kann eine Sensibilität für den inneren Loslösungsprozess unterstützt werden.

Verletzungen wahrnehmen

Zunächst wird es in der Begleitung darum gehen, die Verletzungen zu erkennen. Häufig entstehen seelische Wunden dort, wo bereits schon eine große Sehnsucht nicht gestillt werden konnte.

Die eigenen Eltern vermochten dem Kind, das jetzt selbst in der Elternrolle ist, nicht das zu geben, was es gebraucht hätte. Häufig unbewusst wird nun vom Partner erwartet, dass dieser den eigenen Mangel, die Sehnsucht erfüllt. Das Anerkennungsbedürfnis wird jedoch missachtet, die erhoffte Wertschätzung verweigert. Enttäuschung macht sich breit. Ärger steigt auf. Die Reiz-Reaktions-Spirale wird immer kürzer und die gegenseitigen Verletzungen größer.

Manchmal ist es möglich, mit der Klientin, dem Klienten der Frage nachzugehen, woher die Kränkung kommen könnte. Bei einer Familienaufstellung entdeckte die Ehefrau, wie in ihr starke Emotionen immer dann hochschossen, wenn sie sich ihrem eigenen Vater zuwandte. Es wurde deutlich, dass ihr Ehemann sie immer wieder „antriggerte[1]" und sie in das Muster des hilflosen Kindes zurückfiel.

Opferrolle verlassen

Nach meiner Wahrnehmung waren es vor allem die Frauen, die ihre Verletzungen und Enttäuschungen artikulieren konnten. Und sie kämpften häufig unerbittlich gegen die Männer. Sie blieben Gefangene ihrer Verletzungen. Sie

---

1 an-triggern: etwas innerpsychisch auslösen.

blieben in der Opferrolle. Sie steckten in Abhängigkeit zum ehemaligen Partner fest.

In manchen Gesprächen konnte ich die wichtige Aufgabe, vergeben zu können, ansprechen. Dazu gebrauchte ich häufig das Bild vom Rucksack, in den wir die verletzenden Erfahrungen wie Steine sammeln und dem anderen „nachtragen". Dass dadurch das eigene Leben schwerer wird, leuchtete immer wieder als niederschmetternde Erkenntnis auf.

Wer in der Opferrolle verblieb, beraubte sich wichtiger Ressourcen für die Aufarbeitung und Bewältigung der Verletzungen.

Lernen, verzeihen zu können

Leider war es in der Bezirkssozialarbeit nicht möglich, eine weitergehende Begleitung anzubieten. Aber ein Impuls konnte manchmal doch gesetzt werden. Es bleibt zu hoffen, dass Menschen nicht in den selbstgebauten Gefängnissen ihres Opferdaseins hängen bleiben und dass sie den schwierigen Weg gehen, sich selbst und dem, der sie verletzt hat, zu verzeihen.

Die eigentlich Betroffenen: die Kinder

In meiner Zeit als Bezirkssozialarbeiter hatte ich die Aufgabe, im Rahmen von familiengerichtlichen Verfahren Stellungnahmen bzgl. der Kinder zu verfassen.

Wenn sich die Eltern nicht einigen konnten, musste vor Gericht entschieden werden, wo die Kinder leben sollen, wer wieviel Umgang mit den Kindern erhält, oder ob eine Erziehungsunfähigkeit den Entzug der elterlichen Sorge rechtfertigen würde.

In den vorbereitenden Gesprächen konnte ich teilweise erschütternde Einblicke in die familiären Beziehungen bekommen.

Es blieb nicht aus, dass die ehemaligen Partner in ihrem Hass auf den jeweiligen anderen die Kinder mit „ansteckten". Diese werden in den elterlichen Konflikt mit hineingezogen. Die Kinder wachsen in einem Umfeld von Streit, verbaler und manchmal auch seelischer und/oder physischer Gewalt auf. Sie waren und sind häufig die wirklichen Opfer. Sie verlieren die Beziehung zum anderen Elternteil, häufig zu ihren Vätern.

Beispiele aus der Sozialarbeit

Im Folgenden drei Beispiele aus den Gesprächen und Begegnungen mit Familien, die in Streit lagen, die deutlich machen, welche zerstörerische Kraft in den Beziehungen wirkt. Weil häufig die eigenen Verletzungen nicht erkannt, nicht bearbeitet und bewältigt wurden, führten die Beziehungen in katastrophale Verhältnisse für die Kinder.

Susi

Ein Mädchen, nennen wir sie hier Susi, sechs/sieben Jahre alt, verweigerte plötzlich jeglichen Kontakt mit dem Vater.

In einem Rollenspiel, das ich Susi vorschlug, bat ich sie, mit ihren kleinen Comicfiguren sich selbst, ihre Freundinnen, ihre Mutter und ihren Vater und die Großeltern aufzustellen. Als es darum ging, für den Vater eine Figur auszusuchen, kramte sie eine grässliche Horrorfigur hervor, ging in die Küche und schmiss die Figur in den Müll. Das Mädchen war nicht zu bewegen, den „Vater" wenigstens aus dem Müll zu holen.

Eine so heftige Aktion hatte ich nicht erwartet. Der Vater, konfrontiert mit dem Rollenspiel, konnte sich nicht vorstellen, wodurch dies ausgelöst worden sein könnte. Er meinte, die Mutter habe seine Tochter gegen ihn aufgehetzt, damit er keinen Umgang mehr mit ihr bekommen würde. Selbst zwei Gutachten brachten keine Klärung. Susi blieb dem Vater gegenüber verschlossen. Was auch immer der Grund für die Ablehnung des Vaters in diesem Fall war, wir müssen erkennen, wie sehr wir Menschen anscheinend einander etwas schuldig bleiben.

Hier leiden alle! Doch wie verletzlich Kinder sind, die in strittigen Paarbeziehungen die eigentlichen Verlierer sind, gilt es wahrzunehmen. Sie müssen unterstützt und ggf. aus dem „Schussfeld" genommen werden.

Obwohl von den meisten Eltern betont wird, wie sehr es ihnen ausschließlich um das Kindeswohl gehe, suchen sie doch häufig vor allem den eigenen Vorteil und unterstellen dem jeweils anderen Partner Niedertracht. Dabei übersehen viele, dass sie selbst noch an den jeweils anderen „gebunden" sind. Durch ihre Unversöhnlichkeit und Bitterkeit vergiften sie ihre eigene Gefühls- und Gedankenwelt und die Atmosphäre ihres Lebensumfeldes. Sie gefährden ihre eigenen Kinder im unversöhnlichen Streit mit dem ehemaligen Partner.

Luis

Im Rahmen einer familiengerichtlichen Auseinandersetzung bekam ich Kontakt mit einem geschiedenen Elternpaar.

Der Sohn, nennen wir ihn hier Luis, war bereits in der Pubertät. Der Vater wollte regelmäßigen Umgang mit seinem Sohn, was die Mutter verweigerte. Luis hatte keinen „Bock" auf seinen Vater und verweigerte die Kontakte mit ihm.

In den Gesprächen mit den Eltern und Luis stellte sich heraus, dass nach der Scheidung die Kindsmutter regelmäßig mit dem Sohn ein „Reinigungsritual" nach seinem Umgang mit dem Vater vollzogen hatte. Über Jahre war sie mit Luis nackt in die Badewanne gestiegen und hatte ihren Sohn von der „schlechten Aura" des Vaters gereinigt. Sogar im Intimbereich.

Ganz stolz beschrieb sie in einer E-Mail, dass Luis inzwischen Schamhaare entwickelt habe und nun ein Mann werden würde.

Um sich der Auseinandersetzung mit dem Jugendamt und dem Gericht zu entziehen, zog die Mutter mit ihrem Sohn in eine norddeutsche Stadt. Damit waren die dortigen Behörden zuständig und uns die Hände gebunden.

Philipp

Eine Mutter trennte sich vom Kindsvater. Im Scheidungsverfahren unterstellte sie dem Großvater, ihren Sohn sexuell missbraucht zu haben. Sie äußerte vor Gericht, ihr Mann sei gewalttätig. Keine der Anschuldigungen konnte bewiesen werden, was natürlich nicht heißt, dass es nicht doch extreme Schwierigkeiten zwischen den ehemaligen Ehepartnern gegeben hatte. Im abgetrennten Strafverfahren gegen den Großvater konnte selbst durch Gutachten kein schuldiges

> Verhalten festgestellt werden.
>
> Die Mutter ging später eine neue Partnerschaft ein. Ein zweiter Sohn kam auf die Welt. Plötzlich war nicht nur der Jüngste im Mittelpunkt, der Ältere, nennen wir ihn hier Philipp, bekam permanent zu spüren, dass er von einem miesen Vater abstamme. Im Kontakt mit dem Kindsvater stellte sich heraus, dass die Mutter in der Schwangerschaft Alkohol getrunken und im letzten Schwangerschaftsmonat mit 2,4 ‰ Alkohol im Blut den Führerschein verloren hatte. Glücklicherweise hatte Philipp keine alkoholbedingten körperlichen Schädigungen abbekommen.
>
> Zum Zeitpunkt des Erstkontaktes war Philipp bereits in der Pubertät. Hier brach zunächst unmerklich, doch dann immer mehr der ganze Frust aus dem Teenager heraus. Er rutschte in Kriminalität und Drogensucht ab. Er ging nicht mehr in die Schule und war für keine Intervention zu gewinnen. Er war das eigentliche Opfer.

Drei heftige Beispiele. Es gibt sicher „gelingende" Trennungen und in der Folge auch gute Beziehungen beider ehemaliger Partner zu ihren Kindern. Doch die Regel ist das im Alltag der Sozialarbeit leider nicht.

Dass die Menschen grundsätzlich schlecht seien, Streit und Gewalt in Partnerschaften üblich seien, wäre eine unerlaubte Verzerrung aus dem Blickwinkel eines Sozialarbeiters, einer Sozialarbeiterin. Und doch macht es deutlich, dass es gerade in partnerschaftlichen Beziehungen zu massiven gegenseitigen Verletzungen kommen kann und in deren Folge oftmals die Kinder die Leidtragenden sind.

Sozialarbeit muss die Fähigkeit der Klientinnen und Klienten, sich selbst und anderen vergeben zu können, thematisieren. Es gilt Bitterkeit zu überwinden und Freiheit zu finden.

Zwei Beispiele der präventiven sozialen Arbeit

Streitschlichter

In meiner Tätigkeit als Leiter einer Einrichtung, der ein Jugendfreizeithaus gehörte, lernte ich einen Schuldirektor und mehrere Lehrer sowie SchulsozialarbeiterInnen eines Gymnasiums kennen. Sie kamen am Anfang eines Schuljahres mit allen Schülern der neuen 5. Klasse in unser Haus. Sie investierten vier volle Tage, um zusammen mit Streitschlichtern aus den oberen Klassen eine Kultur der gegenseitigen Wertschätzung, der Gewaltfreiheit und Versöhnung zu entwickeln.

Zammgrauft

Ebenso ging es in dem Projekt „Zammgrauft“, das in Würzburg im Jugendzentrum unseres Hauses stattfand, darum, an zwei Vormittagen mit einer Schulklasse eine Kultur des Miteinanders zu finden. Zusammen mit einem Jugendbeamten, einer Jugendbeamtin der Polizei und einer Lehrkraft wurden erlebnispädagogische Übungen durchgeführt und ausgewertet. Durchschnittlich 1600 SchülerInnen im Jahr besuchten diesen Kurs. Sie lernten, aufeinander Rücksicht zu nehmen.

Sie entwickelten eine Übersicht ihrer wichtigsten Verhaltensregeln, die sie anschließend in ihren Klassenzimmern aufhängten. Kam es in der Schulklasse im Nachgang zu Streit und Auseinandersetzungen – so berichteten Lehrer später –, konnte auf die Erkenntnisse, die Werte, die Kultur, die sie sich in ihrer Klassengemeinschaft gegeben hatten, zurückgegriffen werden. Manchmal sei es auch zu echten Entschuldigungen gekommen.

Fazit

Wir befinden uns in einer Welt, die verstrickt ist in Schuld, Ungerechtigkeit und Streit. Versöhnte Beziehungen finden wir nur dort, wo Vergebung aktiv gelebt wird. Verzeihen können befreit. Und wo uns verziehen ist, finden wir auch Frieden in uns.

Verletzlichkeit wahrnehmen – das Innerste bewahren

Ich habe gelernt,
die Trauer in Wut,
die Wut in Reflexion und
die Reflexion in Aktion zu verwandeln.

Wut und Trauer sind ein guter Ausgangspunkt,
vorausgesetzt, man verharrt nicht darin.
Ich bin grundsätzlich ein Optimist.
Ich bin der tiefen Überzeugung: Wir können diese Welt nicht besser machen, wenn wir nicht daran glauben, dass es gelingen kann.

(Ronald S. Lauder, 75,
Präsident des Jüdischen Weltkongresses.)

Bezug zum theologischen Teil

„...und führe uns nicht in Versuchung, sondern erlöse uns von dem Bösen."

Das Menschenbild, das uns im VaterUnser begegnet, führt uns mit seinem letzten Aspekt: „… und führe uns nicht in Versuchung, sondern erlöse uns von dem Bösen" zum Gedanken der Fragilität der menschlichen Existenz.

Zunächst muss jedoch auf ein fatales Missverständnis hingewiesen werden: Die deutsche Übersetzung könnte so verstanden werden, dass Gott den Menschen in Versuchung führt. Im Jakobusbrief 1,13 wird jedoch deutlich darauf hingewiesen, dass Gott den Menschen nicht verführt.

Körner übersetzt diese Passage im VaterUnser: „Lass uns nicht zurückfallen in ein Leben ohne dich." Diese Übertragung mildert das Missverständnis deutlich. Papst Franziskus verweist in seinem Buch zum VaterUnser auch auf die unglückliche deutsche Übersetzung und weist auf die italienische Fassung hin, in der es heißt: „Und lass uns nicht allein in der Versuchung!"

Inwieweit von „dem Bösem" quasi als Person gesprochen werden kann, wie es die liturgische Form vorgibt, oder vom „Bösen an sich" quasi als Prinzip gesprochen werden muss, versuchte ich im theologischen Teil nachzugehen.

Neil Douglas-Klotz erarbeitete eine Rückübersetzung aus einem möglichen aramäischen Text. Diese schwierige Passage lautet dann: „Lass oberflächliche Dinge uns nicht irreführen, sondern befreie uns von dem, was uns zurückhält". Es geht, zumindest lässt es diese Übertragung vermuten, darum, dass es Umstände gibt, die uns „irreführen" können; uns vom Kurs abbringen; bedrohen, was uns wirklich wichtig ist.

Diese Passage des VaterUnsers verweist auf die Möglichkeit, in Verstrickungen gefangen zu sein, die „uns zurückhalten", die verhindern, dass wir unser Leben leben können.

Gedankensplitter für die Sozialarbeit

Der Mensch ist des Menschen Feind

In vielfältiger Weise stehen Menschen in existentieller Bedrohung. Millionen Menschen hungern. Tausende sterben in den Kriegen dieser Welt. Menschen mit anderer Hautfarbe oder Ethnie werden angefeindet, belästigt und manchmal auch ermordet.

Eine Mutter erzählte vom öffentlichen Mobbing ihres behinderten Sohnes. Da wird gehänselt und verlacht. Mit dem Stinkefinger deutlich gemacht, was man vom anderen hält. Es fallen zutiefst verletzende Kommentare: „Dich hätten sie doch gleich vergast!", „Verschwinde du Behinderter".

Klienten und Klientinnen kennen solche oder ähnliche Erniedrigungen und Ausgrenzungen. Ihnen wird unterstellt, sie seien nur faul. Sie seien Schmarotzer. Sie würden eh betrügen, usw.

Manche sind abgestumpft oder betäuben sich. Sie versuchen, sich zu schützen mit zweifelhaftem Erfolg. Die einen ziehen sich zurück, andere suchen mit Gewalt (gegen sich oder andere) ihre verzweifelte Situation erträglicher zu machen. Unfassbar ist, was Menschen anderen antun.

Menschliche Gier, Rücksichtslosigkeit und Schlamperei führen zu Armut, verhindern menschliche Entwicklung, zerstören Lebensperspektiven.

Himmelschreiende Ungerechtigkeit

Ich hatte schon länger mit einem älteren Herrn zu tun. Eines Tages erreichte uns die Nachricht, dass Herr Mandel eingekotet und orientierungslos im Treppenhaus seiner Wohnung gefunden wurde. Der Notarzt wies ihn in die neurologische Abteilung ein mit Verdacht auf Alkoholdemenz.

Herr Mandel sollte entlassen werden. Ein Zurück in die Ein-Zimmer-Behausung war unmöglich. Glücklicherweise konnte nach diversen Notunterkünften eine Schwester in Österreich aktiviert werden.

Sie bestätigte die schier unfassbare Geschichte des Klienten: Er war in den 1970er-Jahren in einer homosexuellen Freundschaft und lebte mit seinem damaligen Partner in einer geheim gehaltenen Beziehung. Der Partner starb an einem Krebsleiden und vermachte sein nicht unerhebliches Erbe (angeblich? notariell beglaubigt) an Herrn Mandel. Die Verwandtschaft des Verstorbenen legte Einspruch gegen die Erbregelung ein mit Verweis auf die homosexuelle Ausrichtung. Sie behaupteten, dass Herr Mandel nur ein billiger Stricher sei, der sich an ihrem Verwandten bereichern wollte.

Vor Gericht wurde das Erbe den Verwandten zugesprochen. Es ließ sich damals anscheinend nicht verhindern. Die Schwester berichtet, ihr Bruder sei daraufhin in eine Depression gefallen und habe sich in Alkohol geflüchtet.

Was für eine Geschichte, die vom Bösen erzählt!

Felix in der Garderobe

Über die Schule wurden wir auf einen Jungen aufmerksam, dessen Mutter, trotz mehrfacher Aufforderung, verschiedenen Verpflichtungen nicht nachgekommen sei. Außerdem habe der Bub, nennen wir ihn hier Felix, in den vergangenen Monaten einen massiven Leistungseinbruch.

Beim Hausbesuch fand ich Mutter und Kind in einer unglaublichen Wohnsituation vor. Der einzige Raum, in dem sie mit ihrem Sohn lebte, war die ehemalige Garderobe eines Restaurants. Toilette und Bad musste sie sich mit anderen Mitbewohnern teilen.

Unfassbar ist in München der Mietwucher. Besonders Schwache oder in Not geratene Menschen leiden unter solchen Miethaien.

Leben im Loch

Ein älterer Herr wurde vom Krankenhaus an das Sozialbürgerhaus gemeldet. Er sei von einer Lungenentzündung genesen. Anscheinend wohne er in unerträglichen Zuständen.

Beim Hausbesuch fand ich sein Zimmer am Ende eines Ganges, der in Leichtbauweise vom Flur abgetrennt war. In dem entstandenen „Loch" gab es nur ein Oberlichtfenster. Ein Kohleofen war zwar vorhanden, aber der Klient konnte nicht mehr richtig laufen und schon gar keine Kohlen tragen. Toilette und Waschbecken mussten sich alle Bewohner des Stockwerkes teilen.

Das Sozialamt bezahlte für den Klienten knapp 650 € Miete. Was für eine Unverschämtheit des Vermieters.

Bewahre uns vor dem Bösen. Grausame Wirklichkeit eines entfesselten Marktes.

Anwalt derer, die unter Räuber gefallen sind

Der Sozialarbeiter, die Sozialarbeiterin ist oft in solchen Fällen der letzte Helfer in der Not. Anwalt/Anwältin der „unter die Räuber" gefallenen. Mitzuhelfen, dass die Not der Menschen gelindert wird, ist vornehmste Aufgabe der Sozialarbeit. Die Klienten und Klientinnen brauchen Unterstützung. Wir leben glücklicherweise in einem Sozialstaat. Fast 17 % der Deutschen galten jedoch im Jahr 2021 als „armutsgefährdet"[1].

Armutsbetroffene sind häufiger noch zusätzlich von psychischen Problemen betroffen als der Durchschnitt der Bevölkerung. Die Missstände müssen beim Namen genannt werden. Es braucht die sozial-politische Einflussnahme. Die „Sauereien" müssen öffentlich gemacht werden.

---

1 Auch wenn die Definition, wann es sich um Armut handle, sehr umstritten ist, wird deutlich, dass Armut in unserem reichen Land eine Bedeutung hat

Selbstfürsorge - sich wahrnehmen und schützen

In einer Gesellschaft, in der Reichtum, Stärke, Coolness, Erfolg und Glück als Werte vorherrschen, ist es schwer, sich Verletzlichkeit und Schwachheit sich einzugestehen, geschweige denn, es nach außen zu zeigen. Es gilt taff zu sein. Erfolg zählt. Schönheit wird bewundert. Im beruflichen Umfeld mag noch Konkurrenzkampf hinzukommen. Wer ist der Beste? Wer bekommt die lukrativsten Posten? Neid und Missgunst schleichen sich in die Beziehungen ein.
Selbstfürsorge – ein weites Feld

Inzwischen gibt es viele Ideen und Angebote, für sich selbst zu sorgen. Das mag der regelmäßige Spaziergang sein, manche gehen regelmäßig schwimmen, andere in die Berge. Die Fitnessuhr, die einen erinnert, jede Stunde eine körperliche Übung zu machen. Selfcare steht hoch im Kurs. Für die körperliche oder die seelische Gesundheit zu sorgen, ist inzwischen immer wichtiger geworden.

Diese Tipps reichen von „schalte doch mal dein Handy aus“ bis zu „tue regelmäßig etwas Gutes“. Da gibt es Empfehlungen wie „arbeite deine Aufgaben ab“, „sag öfter Nein“ oder „praktiziere Dankbarkeit“. Meditationsübungen werden gesucht. Eine Zeit im Kloster, eine tägliche „stille Zeit“ oder fernöstliche Angebote - alles ist auf dem Markt.

Ich bin Ich – Selbstfürsorge im Blick

Eine kleine Übung für die Sozialarbeiterin und für KlientInnen, sich seiner/ihrer selbst bewusst zu werden und Selbstfürsorge zu lernen.

In der Begleitung von KlientInnen hat diese Übung manchmal einen Platz gefunden. Mit einem jungen Mann, den tiefe Selbstzweifel plagten, begann ich die Beratungszeit zunächst mit diesem Ritual. Zu zweit gingen wir die Bewegungsabläufe durch. Bei den jeweiligen Stationen hielten wir kurz inne. In die Stille hinein formulierte ich einige Gedanken zu dem jeweiligen Thema.

Quelle für nebenstehende Graphik:
https://www.ekiba.de/media/download/integration/349611/bewegung_ich_bin_ich.pdf
Es finden sich außerdem noch Videos im Internet (Sparmann, Baer)

„Ich bin Ich" mit 10 Bewegungen dazu.

1. Ich lasse mich hängen;

2. Ich erhebe mich;

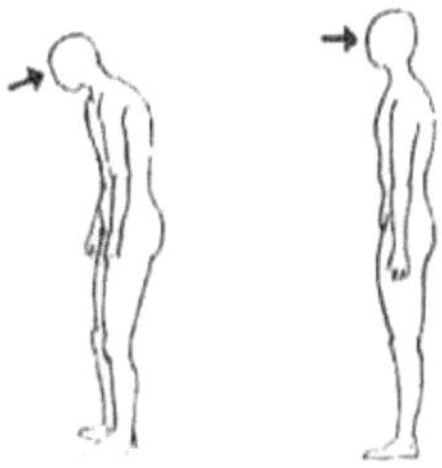

3. Ich stehe fest;

4. Ich gebe mir Halt;

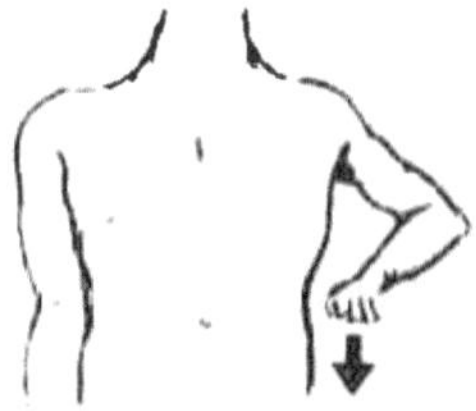

5. Ich schütze mich;

6. Ich kämpfe;

7. Ich öffne mich;

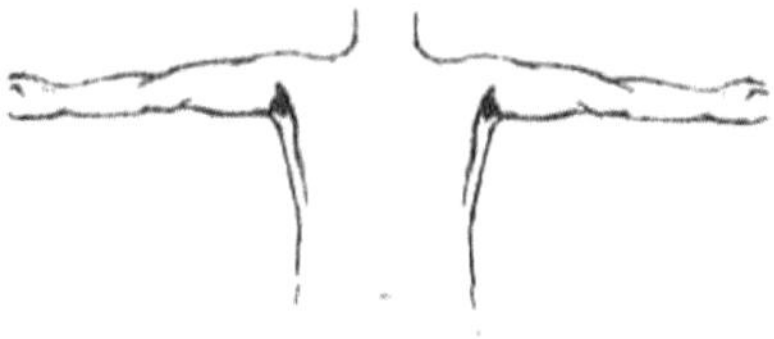

8. Ich wachse;

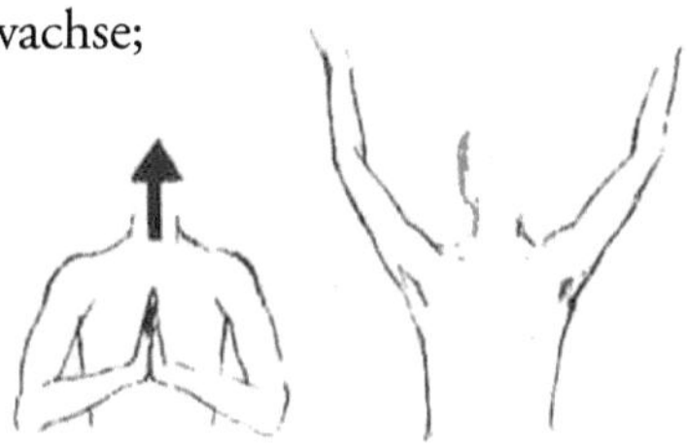

9. Ich atme;

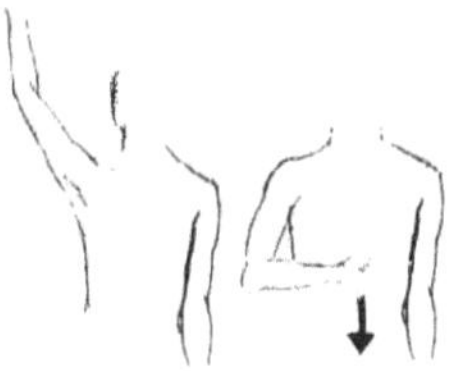

10. Ich gebe;

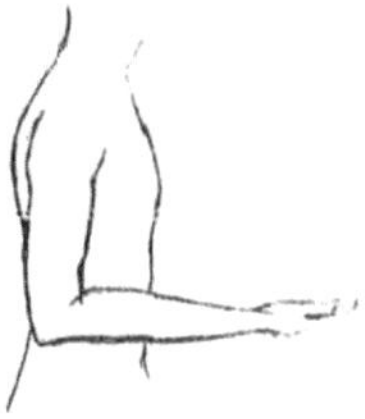

Ich bin ICH

Es half ihm, sich auf sich selbst zu konzentrieren, bei sich zu sein, sich selbst wahrzunehmen und einen positiven Blick auf sich selbst zu gewinnen, sich selbst wertzuschätzen.

Schutzraum für die Seele finden

Die menschliche Seele, die Psyche, das Innerste braucht einen Schutzraum. Es braucht die Stille und Einkehr und ein rechtes Maß. Ob es darum geht, den Medienkonsum einzuschränken, ob regelmäßiger Sport hilfreich ist, um abschalten zu können, ob in die Stille sich zurückzuziehen – das muss Jede und Jeder für sich selbst finden. Den einen hilft zu pilgern, nach dem Motto „Ich bin dann mal weg", andere finden in Meditationsübungen zu ihrer inneren Mitte. Die Seele braucht Momente der Pause, der Ruhe. Ausreichender Schlaf gehört mit dazu. Chaotische Beziehungen helfen nicht, der Seele Ruhe zu geben.

Im Kontakt mit den KlientInnen spielte die Frage nach einem „Schutzraum der Seele" eine wichtige Rolle. In den Gesprächen mit mittelbar betroffenen Opfern des Olympia-Einkaufszentrum-Attentäters in München von 2016 sprach ich häufig das Thema an. Für die einen war wichtig, nicht ständig alle Nachrichten zu sehen und Chats zu lesen. Andere suchten therapeutische Begleitung.

Schutzräume in der präventiven Sozialpädagogik

Im Rahmen meiner Tätigkeit als Sozialpädagoge spielten erlebnispädagogische Reisen und Freizeiten eine wichtige Rolle. Hier konnten viele TeilnehmerInnen über ihre Prioritäten im Leben nachdenken. Sie erlebten Aktion und Einkehr. Fragen nach dem Sinn des Lebens, nach Orientierung und die Bedeutung der transzendenten Dimension spielten eine große Rolle. Verantwortungsübernahme konnte eingeübt werden. Selbstwirksamkeit wurde erlebt. Gemeinschaft wurde gestaltet.

Wüstenerfahrung

Ich selbst hatte als Teilnehmer bei einer Reise die Gelegenheit, eine Wüstenerfahrung zu machen. Wir waren mit VW-Bussen vier Wochen in die Sahara gefahren und konnten dort bei einer Oase drei „Stille Tage“ erleben. Wir vereinbarten, in dieser Zeit unsere Kommunikation zu reduzieren und tagsüber alleine in die Wüste zu gehen. Die Weite tat gut. Die Unendlichkeit der Dünenlandschaft. Das sanfte Auf und Ab der Hügel. Der unendliche Sand. Diese Tage öffneten mir die Augen für das, was mir wichtiger war als mein damaliges Elektrotechnikstudium: Die Mitmenschlichkeit. So wechselte ich zur Sozialarbeit/Sozialpädagogik. Die Auszeit hatte mir geholfen meinen Lebenshorizont zu vergrößern.

Das Wichtigste zuerst

Meiner Erfahrung nach ist die wertvollste Erkenntnis für die Selbstfürsorge die Entscheidung, das Wichtigste zu priorisieren. Das Prinzip „Das Wichtigste zuerst“ geht davon aus, dass uns sowohl bei der Zeit als auch für unsere seelische Belastung Grenzen gesetzt sind.

Ein hilfreiches Bild dazu:

Will ich in einem Gefäß möglichst viel unterbringen, muss ich die größten Brocken zuerst platzieren. Anschließend kommen die nächstkleineren Steine – die nächsten Prioritäten je nach Größe sortiert. Das Gefäß ist noch nicht voll. Sand – Kleinkram – passt noch hinein und am Schluss sogar noch Wasser. Ein schönes Bild, den beruflichen und den privaten Alltag zu priorisieren. Wer zuerst Sand oder Wasser in sein Gefäß füllt, wird den wirklich wichtigen Aspekten seines Lebens, ob in der Arbeit oder im privaten Umfeld, keinen entsprechenden Raum mehr geben können. Nur muss die Prioritätensetzung regelmäßig gepflegt und überprüft werden.

Mit dem Gedanken „Das Wichtigste zuerst“ soll auf einen Weg hingewiesen werden, wie ein gesundes Maß gefunden werden kann. Was für uns „das Wichtigste“ ist, wird sehr unterschiedlich sein. Im Abschnitt „den Sinnhorizont entdecken“ habe ich versucht zu beschreiben, wie es gelingt, die eigenen Werte, Prioritäten zu finden.

Verliebt sein macht blind

Glücklicherweise konnte ich nach meinem Krankheitsjahr (siehe oben) noch einmal in ein neues berufliches Umfeld wechseln. Die Erfahrung meiner eigenen Verletzlichkeit hatte mich vieles gelehrt.

Um meine Seele zu schützen, strukturierte ich meine Arbeitswoche so, dass die wichtigsten Anliegen, die Menschen als Personen und als „Hilfesuchende", einen festen Platz bekamen.

Jeden Freitagvormittag ging ich anhand einer EDV-Liste alle meine aktuellen Klienten und Klientinnen durch und notierte mir jeweils den momentanen Stand, die möglichen nächsten Schritte, ob und wann Termine anstanden usw.

Dies ermöglichte mir, bis auf zwei heftige Fälle, unbelastet ins Wochenende gehen zu können. Bei durchschnittlich etwa 100 KlientInnen im Jahr verlor ich so nicht den Überblick. Sicherlich bin ich nicht jedem Klienten, jeder Klientin „gerecht" geworden. Ich hatte sie jedoch im Blick und hatte Zeit, mich mit ihren Lebensgeschichten zu befassen. Dabei blieb ich doch weitgehend persönlich unbelastet. Ich hatte gelernt, Prioritäten zu setzen und mich so zu schützen.

Was hilft den „Helfern"?

Gerade auf dem Gebiet des „Selbstschutzes" überfahren „Helfer" oft sich selbst. Ob ehrenamtlich engagiert, ob als „Profi" unterwegs, wir alle müssen Maß und Mitte finden und leben. Wir brennen sonst aus.

- Das Gespräch suchen. Mit KollegInnen im Austausch sein, im Team, in einer Supervisionsgruppe oder innerhalb eines Netzwerkes. Mit einigen Kolleginnen treffe ich mich seit etwa fünf Jahren monatlich, um sich auszutauschen und füreinander und für die KlientInnen zu beten.
- Fortbildungen sind ebenso eine Möglichkeit, den eigenen Blick zu weiten. Auch wenn die Kosten hoch sind, die Chance, über den bisherigen „Tellerrand" zu blicken, ist groß. Kongresse geben einen guten Einblick in die

verschiedenen Angebote, die auf dem Markt sind.

- Die kollegiale Beratung ist meines Erachtens eine hervorragende Methode für einen gezielten Austausch. Das Erfahrungswissen und die Kompetenzen der Kolleginnen und der Kollegen zu nutzen, hat eine enorme Wirksamkeit.

In diesem Zusammenhang kann es jetzt nicht darum gehen, die einzelnen Möglichkeiten zu beschreiben, ihre Wirksamkeit zu untersuchen oder gar eine umfassende Darstellung aufzuzeigen. Es mag sehr unterschiedliche Angebote der jeweiligen Einrichtungen geben. Ich erwähne hier einige wenige Hilfestellungen, die ich erlebt habe und für förderlich halte. Jede Sozialarbeiterin, jeder Sozialpädagoge möge selbst Erfahrungen sammeln und sich ggf. um Unterstützung bemühen.

Fazit

Es gilt die Seele zu schützen. Hören, wahrnehmen, achtsam bleiben, die Stille suchen, neugierig die Weite aushalten: Viele Wege, um unser Innerstes zu bewahren.

VaterUnser

Pilgerweg des Lebens

gelebtes Gebet

kostbarer Schatz
wertvolle Perle

Von Otmar Strauß

Gewidmet

Helmut Nicklas
und seiner Frau Hildegard

Sie waren in schwieriger Zeit

mit mir

„unterwegs“.

BoD - Book on Demand-Verlag

ISBN: 978-3-769-31732-9

1. Auflage, 2025

Alle Bilder, wenn nicht anders vermerkt:
Claudia & Otmar Strauß

Dieses „Wendebuch“ will signalisieren, wie wichtig es manchmal ist, eine andere Perspektive einzunehmen. Das Denken mal auf den Kopf stellen. Im besten Sinn umdenken.

Vorwort von Gerhard Proß

Otmar Strauß hat uns mit dem Buch „Vater Unser - Pilgerweg des Lebens“ ein sehr persönliches und zugleich ein wirklich wertvolles und hilfreiches Buch geschenkt. Er nimmt uns hinein in seine Meditation des Vater Unser, das für ihn zu einem Schlüssel für sein persönliches Leben, für seinen Glauben und für seinen Dienst als Sozialpädagoge wurde. Er nimmt uns mit diesem Buch mit auf eine spannende Reise. Schritt für Schritt erschließt sich ihm der himmlische Vater. Es ist zunächst der lebensgeschichtliche Vollzug, der ihm die Türen öffnet. Die Verzerrungen des Vaterbildes, die gesellschaftlichen und religiösen Bilder, die einen persönlichen Zugang zum liebenden himmlischen Vater verbaut hatten, werden erkannt und in einem für ihn wichtigen Prozess in verschiedenen Lebenssituationen überwunden.

Das vergiftete Vaterbild wird Stück für Stück entgiftet. Otmar zeigt auf, wie dies geschehen kann, und nimmt den Leser mit zu einer neuen Beziehung zu Gott. Das entgiftete Gottesbild ist beziehungsorientiert. Es orientiert sich am Du und ist fähig, die Liebe Gottes zu empfangen und diese Liebe weiterzugeben.

Über die lebensgeschichtliche Reise hinaus nimmt er uns zugleich mit auf eine kleine theologische Reise. Theologie und Lebenspraxis fließen ineinander. Die Lebenserfahrung wird theologisch reflektiert. Otmar macht am „Abba“, der „Vater“ Anrede Jesu, die durchaus unserem Papa entspricht, deutlich, wie persönlich die Vater-Beziehung von Jesus mit seinem himmlischen Vater war. Das „Abba“ drückt die Herzlichkeit, die „Zärtlichkeit“ dieser Beziehung zu Gott aus. In diese Beziehung nimmt uns Jesus mit dem Vater Unser hinein. Gleichzeitig macht er deutlich, dass das Vater Unser die zentrale Mitte für Jesus war: für sein Beten, für seine Theologie, sein Gottes- und Menschenbild und für sein Handeln. Nicht umsonst, so zeigt Otmar auf, steht es bei Matthäus in der Mitte der Bergpredigt und bei Lukas in der Mitte des Evangeliums.

Plötzlich erschließt sich das Vater Unser als sehr relevant für unseren Glauben und für das Alltagsleben bis hinein in die berufliche Praxis als Sozialarbeiter. Die Einladung, zu Gott „Abba“ sagen zu dürfen, gibt uns Anteil an Gottes Liebe und Wertschätzung. Die göttliche Liebe als Schlüssel, die nicht im Himmel bleibt, sondern durch das Vater Unser sehr konkret wird im alltäglichen Leben: Sie kümmert sich auch um unsere Alltagsnöte und gibt uns gleichzeitig Sinn und Halt im Leben.

Otmar Strauß durfte ich durch die Arbeit im CVJM kennenlernen. Seit 30 Jahren darf ich seine wertvolle Arbeit erleben. Nun beschreibt er in diesem Buch den kostbaren Schatz und die wertvolle Perle, die er gefunden hat und die seinem Leben Sinn und Halt gibt und aus der er die Kraft und Motivation schöpft für sein riesiges Engagement für die Menschen in ganz unterschiedlichen Lebenssituationen.

Möge dieses Buch vielen Lesern diese Kraftquelle erschließen und ihnen helfen, die vergifteten Gottesbilder zu entgiften und mit dem Vater Unser ihr Leben und ihr Engagement zu gestalten.

Gerhard Proß
Langjähriger Leiter des CVJM Esslingen
Moderator von „Miteinander für Europa“

Einleitung

Mit den folgenden Gedanken möchte ich eine Anregung geben, sich dem Gebet Jesu auf eine ungewöhnliche Weise zu nähern. Die Worte und Gedanken wollen wahrgenommen und aufgenommen werden, sie laden ein, sich mit ihnen zu beschäftigen, sie zu meditieren und zu erkennen, dass das VaterUnser beides ist: Gebet *und* Wegweisung! Die „Wegebilder" mögen zum Verweilen und zum Aufbrechen einladen.

Ich schreibe aus meinen Erfahrungen als Sozialarbeiter - im Arbeitsumfeld eines Bezirkssozialarbeiters und als Sozialpädagoge - im Arbeitsumfeld als CVJM-Sekretär mit verschiedenen Aufgabenfeldern sowie aus vielen Überlegungen aus der Praxis meines Berufsfeldes. Das Buch entstand aus einer christlichen Grundüberzeugung, die jedoch keine Voraussetzung für den interessierten Leser sein muss. Ich schreibe als interessierter, theologischer Laie.

Konfessionell bewegte ich mich immer im ökumenischen Umfeld. Katholisch getauft, im ökumenisch geprägten CVJM mit einem lebendigen Glauben in Kontakt gekommen, mit kirchlichen, freikirchlichen und charismatischen Gruppierungen vertraut, bin ich in der katholischen Kirche beheimatet. Alle mir bekannten christlichen Gemeinschaften beten das VaterUnser in ihren Gottesdiensten. Ein konfessionsverbindendes Gebet, das Millionen Menschen bekannt ist. Bei aller Unterschiedlichkeit der Glaubensgemeinschaften verbindet das Gebet.

Bei dem Gedenkgottesdienst anlässlich des Attentates vom 13. Februar 2025, bei dem zwei Menschen starben und etliche verletzt wurden, lud der Münchner Kardinal Marx alle vertretenen christlichen Konfessionen, die muslimischen und jüdischen Gäubigen zum gemeinsamen Gebet des VaterUnsers ein. „Als Christen glauben wir," so Marx, „dass alle Menschen Kinder des lebendigen Gottes sind". Auch bei einem Schuleingangsgottesdienst in Hamburg mit evangelischer, katholischer und muslimischer Beteiligung betete der Imam das VaterUnser mit. Das Gebet Jesu: nicht nur ein konfessionsübergreifendes Gebet. Ob es vielleicht auch interreligiös zu verstehen ist?

Eine theologische Annäherung

Als theologisch interessierter Laie mache ich mich daran, das VaterUnser zu bedenken. Was ich hier schreibe, ist für mich ein Abenteuer. Aus unterschiedlichen Quellen stelle ich hier meine Gedanken zum VaterUnser vor. Ohne theologische Ausbildung bin ich größtenteils auf andere Ausleger angewiesen. Insbesondere Reinhard Körner mit seinem Buch „Vater unser – Spiritualität aus dem Gebet Jesu" hat mir geholfen, das Gebet in seinen verschiedenen Dimensionen zu erkennen und den Kern der Aussagen besser zu verstehen.

Das VaterUnser: ein Gebet

Im Zuge der Vorbereitungen für meine Reflexion zum VaterUnser konnte ich eine Reihe von Betrachtungen, Meditationen und Handreichungen lesen. Viele wertvolle Gedanken, Hinweise und Auslegungen lassen sich hier finden. Dabei begegneten mir jedoch auch einige Autoren und Autorinnen, die mit besonderer Andacht, mit „salbungsvollen" Worten, mit Pathos und Ehrfurcht das Gebet kommentierten oder auslegten - eine scheinbar demütige Haltung, die zwar inspirierend sein kann, aber in mir häufig mehr Fragen als Antworten hinterließ. Gott erscheint hier häufig als der Heilige, der Übermächtige und herrschende Herr, vor dem der Mensch klein und unscheinbar ist und als Sünder entlarvt wird. Wie wir jedoch noch sehen werden, offenbart Jesus viel mehr: Jesus zeigt uns den Vater, der alles gibt, um den Menschen seine Liebe zu erweisen.

Das VaterUnser: die Mitte der Lehre Christi

Die Positionierung des Gebetes in den Evangelien könnte einen Hinweis darauf geben, wie das VaterUnser ebenfalls verstanden werden kann. Der Text des VaterUnsers wird an zwei Stellen im Neuen Testament genannt.

Bei **Matthäus** findet es sich in der Bergpredigt.[1] Dort steht es in der Mitte der Lehren Jesu. Wer die Bergpredigt aufmerksam liest, wird die Zuspitzung erkennen und sich Gedanken machen, ob und wie diese Aussagen ins Leben kommen können. Bereits die Seligpreisungen am Anfang der Bergpredigt bürs-

1 Matth. Kap. 5-7

ten derart gegen den Mainstream, dass eine Umsetzung in unserer Welt schier unmöglich erscheint. Diese Sorge hatte anscheinend auch Matthäus und platzierte das Gebet Jesu mittig in seine Zusammenstellung der Bergpredigt. Das VaterUnser erscheint hier als Schlüssel für die Umsetzung der Lehre Christi. Ohne dieses Gebet, ohne diesen „Angelpunkt" ist die Bergpredigt eine Zumutung und kann nur als Überzeichnung der Gebote aus dem Dekalog[1] verstanden werden. Das VaterUnser entfaltet in der Platzierung bei Matthäus seine innere Kraft als Gebet *und* als Orientierung darauf, wie Leben gelingen kann.

Bei **Lukas** findet sich das VaterUnser sogar in der Mitte[2] des ganzen Evangeliums. So eine Platzierung entstand nicht zufällig. Die Positionierung gibt dem Gebet besondere Bedeutung. In der Zusammenstellung[3] bei Lukas wird die Frage nach „gelingendem Leben", in der damaligen Sprache nach „ewigem Leben", gestellt. Die Antwort: „Du sollst Gott lieben und deinen Nächsten wie dich selbst". Doch wer ist denn nun der Nächste? Die direkt anschließende Erzählung Jesu vom barmherzigen Samariter macht klar: Der die Barmherzigkeit gezeigt hat, hat das Gebot erfüllt. Die anderen, die vom Tempel kommen, sehen zwar den Verletzten, gehen jedoch an ihm achtlos vorbei. Sie haben den Zusammenhang von „Gott im Tempel anbeten" und dem „Nächsten ein Nächster" zu sein nicht verstanden.

Es kommt noch besser: Unmittelbar darauf folgt bei Lukas die nächste Begebenheit: Jesus ist zu Gast bei Maria und Marta. Während Maria zu Füßen Jesu sitzt und zuhört, beschwert sich Marta bei Jesus, sie solle sich auch engagieren. Doch Jesus antwortet unerwartet: „Sie – Maria – hat das bessere Teil gewählt."

Ja was denn nun? Was kommt zuerst? Zuerst Gott und dann der Nächste? – wie beim Doppelgebot? Oder das Gebot erfüllt sich in der Nächstenliebe wie beim Samariter? – der kam nicht vom Tempel. Oder wie bei Maria und Marta – das Wichtigste hat die kontemplative Maria gewählt!?

Und nun sind die Jünger verwirrt: Sie drücken ihren Wunsch nach Orientierung mit der Bitte aus: „Lehre uns beten."[4] Gebete kannten sie genug. Sie

---

1 Dekalog: die 10 Gebote

2 Luk. Kap. 11

3 Luk. 10,25 ff

4 Luk. 11,1 ff

konnten vermutlich die ganzen Psalmen auswendig. Warum dann „lehre uns beten“? Sie erleben Jesus als vollmächtig. Er strahlt Empathie und Klarheit aus. Er hat Vollmacht. Er muss einen inneren Kompass in sich tragen, den auch sie kennenlernen wollen.

Das Menschenbild Jesu wird sichtbar

Das VaterUnser ist ein Gebet, das die „Denke“ und Haltung Jesu offenbart. Jesus formuliert mit wenigen Sätzen, wie seine Lehre zu verstehen und zu leben ist. Hier wird „sein Menschenbild“ sichtbar. Hier können wir erkennen, aus welchen Verheißungen (Ressourcen) der Mensch leben und wie sein Mangel (Bedarfe) gestillt werden kann.

Eine ungewöhnliche Sichtweise, zumindest was die mir bekannten Interpretationen des VaterUnser-Gebetes betrifft.

Oberhalb von Tabgha mit Blick auf den See Genezareth.
In den Stein an dem der Autor lehnt wurde das VaterUnser eingraviert..

Das VaterUnser: Orientierung für Pilger des Lebens.

Heute wie vor 2000 Jahren war die Sehnsucht nach „wahrem“ Leben groß.

- Wie kann Leben gelingen?
- Wie kann ich Liebe empfangen und geben?
- Wie finde ich Wertschätzung? Und kann Wertschätzung geben?
- Was macht im Leben Sinn?
- Kann ich Selbstwirksamkeit[1] erfahren?
- Wie gewinne ich Kraft und Mut?
- Wir erleben unsere Bedürftigkeit. Viele Menschen fragen sich, wie sie angesichts ihrer Not überleben können.
- Wie können Beziehungen gelebt werden?
- Frieden finden und stiften, zwischen den Partnern, den Generationen, im Beruf?
- Und zuletzt die Erkenntnis der Fragilität des Lebens, der Fragilität[2] des Planeten.

Damit wäre die inhaltliche Intention der beiden Teile in diesem Buch umrissen.

Wer an den theologischen Überlegungen Interesse hat, möge in diesem Teil des Buches weiterlesen.

Wer sich sofort mit den *Gedankensplitern*, wie das VaterUnser für die Sozialarbeit nutzbar werden kann, beschäftigen möchte, möge den autobiographischen Teil lesen. Dort finden sich vor jedem Kapitel kurze Verweise auf die wesentlichen Überlegungen aus dem theologischen Teil.

Mir ist bewusst, dass zu jedem Textabschnitt erheblich mehr gesagt bzw. bedacht werden könnte. Vieles steht in einem sehr persönlichen Bezug. Meine Gedanken mögen Anregung sein und Impulse geben, um weiterzudenken, vielleicht zu widersprechen oder zu ergänzen.

Ich wünsche Ihnen, dass aus dem liturgischen Gebet ein *Pilgerweg des Lebens*, ein *gelebtes Gebet* wird, das Ihren Alltag begleitet und Ihr Berufsleben bereichert.

Ihr Otmar Strauß,

Ostern 2025.

---

1 Selbstwirksamkeit, die Fähigkeit von Menschen, durch eigenes Handeln, Herausforderungen bewältigen zu können.

2 Fragilität: Zerbrechlichkeit, Verwundbarkeit (Das Lexikon, Band 5, S. 63)

Das VaterUnser – ein lebendiges Gebet

In meiner Teenagerzeit erfasste mich eine immer tiefer gehende Gewissheit, dass Gottes Liebe auch mir gilt. Bis zu diesem Zeitpunkt hatte ich eher Angst vor Gott. Mir war es ein Graus, dass dieser Gott mich überall sieht. „Ob ich sitze oder stehe, du kennst es. Du durchschaust meine Gedanken von fern.“ *(Psalm 139,2, Einheitsübersetzung 2016*[1]*)* – er ist immer da und kontrolliert mich. Und wenn es Spaß macht, pfeift Gott ab.

Unterwegs mit dem VaterUnser

Über viele Jahre blieb mir das Gebet eher fremd. Es trat ein gewisser Gewöhnungseffekt ein, aber die Bedeutung der Worte blieb mir verborgen. Dies änderte sich erst, als ich Teilnehmer der Kindermesse in der Gemeinde St. Bonifaz in München wurde, zu der ich mit meiner Familie über 15 Jahre gehörte und das „VaterUnser-Lied“ mit meiner Gitarre regelmäßig begleitete. Die Kinder versammelten sich mit dem Priester, Pater Augustinus Bauer OSB[2], in einem großen Kreis um den in der Mitte stehenden Altar. Alle sangen, begleitet von Bewegungen, dieses Gebet. Der große Kreis der Kinder lud die Erwachsenen mit ein. Bald machten fast alle Eltern bei den Bewegungen mit. So entstand während dieses Liedes eine Verbundenheit untereinander, die für mich mehr Bedeutung bekam, als nur eine physische Anordnung. Der Altar in der Mitte verwies auf die „innere“ Mitte: Jesus. Durch diese innere Verbundenheit entstand eine Glaubensgemeinschaft, die uns wirklich Unser Vater hat beten lassen.

---

1 Einheitsübersetzung 2016: wenn nicht anderes vermerkt, verwende ich diese Übersetzung

2 OSB: Ordinis Sancti Benedicti, abgekürzt OSB, Orden des heiligen Benedikt, (Das Lexikon, Band 2, S. 93)

ein lebendiges Gebet.

Eine relationale Entdeckungsreise

Wesentlich für das Verständnis des VaterUnsers ist die spirituell verwurzelte Beziehung zu Gott, dem Vater, die sich in diesem Gebet ausdrückt. Ohne das kindliche – nicht kindische – „DU-Abba" lässt sich das Gebet nicht in der Tiefe ergründen. Bleibt es bei einer intellektuellen Übung oder liturgischen Formel, kann es nicht die Kraft entwickeln, die in ihm steckt.

Das Vater unser – ein lebendiger Gebetstext

Seit seiner Entstehung fand das VaterUnser viele Textversionen. Zunächst noch in verschiedenen mündlichen Überlieferungen tradiert, später für etliche Gemeinden niedergeschrieben, war der Text ein lebendiger Gebetstext.

Unterschiedliche Fassungen des Gebetes

Für den aufmerksamen Bibelleser sind die unterschiedlichen Textfassungen bei Matthäus und Lukas offensichtlich. Matthäus schreibt ausführlicher, während Lukas seine Fassung sehr knapp hält.

Matthäus	**Lukas**
Unser Vater im Himmel, / *geheiligt werde dein Name,*	*Vater,* *geheiligt werde dein Name.*
dein Reich komme, / dein Wille *geschehe / wie im Himmel,* *so auf der Erde.*	*Dein Reich komme.*
Gib uns heute das Brot, das wir brauchen!	*Gib uns täglich das Brot, das wir brauchen!*
Und erlass uns unsere Schulden, / *wie auch wir sie unseren* *Schuldnern erlassen haben!*	*Und erlass uns unsere Sünden;* *denn auch wir erlassen jedem,* *was er uns schuldig ist.*
Und führe uns nicht in Versuchung, / *sondern rette uns vor dem Bösen!* *(Mt 6,9-13)*	*Und führe uns nicht in* *Versuchung!* *(Lk 11,2-4)*

Reinhard Körner findet zu „seiner“ Übertragung des Gebetes zu folgenden Worten:

„Abba, du, heilig – glücklich sollst du sein!
Mög‘ doch dein ‚Königtum Gottes‘ immer mehr Wirklichkeit werden in unserer Welt.
Gib uns – zum Teilen – heute unser Brot, nur so viel, wie wir nötig haben, für den Leib und die Seele!
Schuldner deiner Liebe sind wir vor dir, so wie wir es auch voreinander sind – unendlich viel hast du gut bei uns.
Lass uns nicht zurückfallen in ein Leben ohne dich!
Abba, du …“

Die innere Freiheit der frühen Beter, vom Jüngerkreis an über die Jahrhunderte bis heute, die das VaterUnser für sich „zurecht-beteten“, hat mich bestärkt, das VaterUnser für die Sozialarbeit zu bedenken.

Eine persönliche Fassung

In den vergangenen Jahren hat sich das Gebet Jesu auch in mir gewandelt. Für die folgenden Betrachtungen wähle ich diese Fassung, die mir geholfen hat, das VaterUnser tiefer zu verstehen:

Du, Abba, Vater unser, der Du bist in den Himmeln,
Du, Abba, Dein Name werde geheiligt – wie bei Dir im Himmel, so auch hier auf Erden,
Du, Abba, Dein Königtum komme – so wie die Kultur der Liebe im Himmel herrscht, auch hier bei uns auf Erden,
Du, Abba, lass deinen Willen geschehen – wie im Himmel so auf Erden.
Du, Abba, gib uns das Brot, das wir täglich brauchen.
Du, Abba, vergib uns unsere Schuld, wie auch wir denen vergeben, die an uns schuldig geworden sind.
Du, Abba, stehe uns bei in Zeiten der Versuchung.

ein lebendiges Gebet.

Glauben heißt Vertrauen

Glauben und Vertrauen haben eine gemeinsame Wortwurzel. Glaube und Vertrauen in ein Gegenüber, in ein DU, in eine Person. Dies schließt keinesfalls aus, dass nicht auch Zweifel einen Menschen erfassen können. Ich muss meinen Verstand nicht an der Garderobe des Glaubens abgeben.

Bilder und Worte – menschliche Begriffe

Freilich, wenn wir von Gott sprechen, gebrauchen wir Worte, Vergleiche, Bilder, Metaphern, die aus unserem Erfahrungsraum kommen. Wir sprechen von „Person sein“, wenn wir ausdrücken wollen, dass unser „Innerstes“ durch uns hindurchleuchtet, und folgern daraus, dass Gott auch Person sein müsse. Und doch ist es zunächst ein menschlicher Begriff, der nur ungenügend einen Hinweis auf Gott geben kann. Das Wort „Vater“ entspricht unserer Lebenserfahrung – doch wenn wir Gott den Vater nennen, so meint dies sicher viel mehr als das Bild, das wir von Vaterschaft in uns tragen. Jesus hat mit seiner Anrede „Du“ und „Abba“ ein völlig neues Bild von Gott aufleuchten lassen, das es zu erkennen gilt.

Von der Glaubensaussage zur Beziehung

Im Psalm 23 findet der Beter in einer Krise vom intellektuellen Glaubensbekenntnis zum entscheidenden „Du“, zur Beziehung. Die Wende kommt mit einem Erkennen eines Gegenübers, eines „Du‘s“.

Im ersten Teil des Psalms formuliert der Beter noch, was seiner Ansicht nach richtig und angemessen ist. Der Herr bleibt hier für den Beter in der dritten Person:

*„**Der** HERR ist mein Hirt, nichts wird mir fehlen.*
***Er** lässt mich lagern auf grünen Auen und führt mich zum Ruheplatz am Wasser.*
*Meine Lebenskraft bringt **er** zurück. / **Er** führt mich auf Pfaden der Gerechtigkeit, getreu seinem Namen.“*

Doch dann erfasst eine Krise den Beter. Die Krise ist nur kurz umrissen und lässt viel Raum sich vorzustellen, in welcher Krise sich der Beter befindet:

„Auch wenn ich gehe im finsteren Tal,“

Im zweiten Teil findet der Beter zur Beziehung. Der Herr wird zum Du. Zur zweiten Person. Eine Beziehung ist entstanden:

*„ich fürchte kein Unheil; denn du bist bei mir, **dein** Stock und **dein** Stab, sie trösten mich. **Du** deckst mir den Tisch vor den Augen meiner Feinde. **Du** hast mein Haupt mit Öl gesalbt, übervoll ist mein Becher. Ja, Güte und Huld werden mir folgen mein Leben lang und heimkehren werde ich ins Haus des HERRN für lange Zeiten.“*

(Hervorhebungen durch den Verfasser)

Im VaterUnser steht die Einladung zum persönlichen „Du“ gleich am Anfang: „Du Abba“! In gewisser Weise ein „Paukenschlag“. In den Ohren vieler Zuhörer eine Ungeheuerlichkeit.

Du, Abba, Vater unser, der Du bist im Himmel

Weil ihr also echte Söhne und Töchter seid,
hat Gott ja auch den Geist seines Sohnes
in unsere Herzen hineingesandt.
Und der ruft in uns: „Abba!“, also: „Vater!“
(Gal 4.6, „Das Buch.“)

Du, Abba - ein neues Vaterbild

Jesus beginnt sein Gebet mit einer ungewöhnlichen sehr persönlichen Anrede: „Abba“. Es ist das vertraute „Papa“, und auch das vertraute „Mama“, das Kinder als eines der ersten Wörter lernen. Bis heute wird es im Nahen Osten gebraucht. Es drückt die Herzlichkeit, die „Zärtlichkeit“ der Beziehung aus. Diese Form, von Gott zu sprechen, war neu. Es gab zur Zeit Jesu bereits jüdische Gebete, die dem Text des VaterUnsers annähernd entsprachen. Jedoch dieser Auftakt war revolutionär.

Unter den Juden gilt bis heute, dass der Name Gottes „unaussprechbar“ ist. Gott ist so heilig, dass es unmöglich ist, den Namen direkt zu nennen. Und dann: „Abba“! Was für ein Paukenschlag, welch ein Auftakt! Mit dieser Anrede ändert sich bereits alles. Es ist nicht zuerst der Herr aller Herren, nicht zuerst der Herrscher der Welt, nicht zuerst der Richter der Menschheit, der hier angesprochen wird. Es ist zuerst der Abba.

Der liebevolle Vater, der uns Menschen, zum Du, zum Gegenüber macht. Nicht nur in der weiblichen Form „Ruach“ für ‚die‘ Heilige Geist Gottes bzw. die „Geistkraft“, sondern schon im Alten Testament wird Gott als Vater und auch als Mutter[1] angesprochen.

1 U.A.: Jes 66,11; Jes.66,13; Ps. 131,2; Jes.42,14b; Ps. 22,10f

Eine besonders schöne Art und Weise, das Göttliche in weiblicher wie männlicher Form auszudrücken hat Rembrandt in seinem Bild vom ‚verlorenen Sohn' geschaffen. Der Vater, der den zurückgekehrten Sohn in seine Arme schließt, hat zwei verschiedene Hände: eine zarte, weibliche und eine große männliche Hand, die den Sohn berühren und halten.

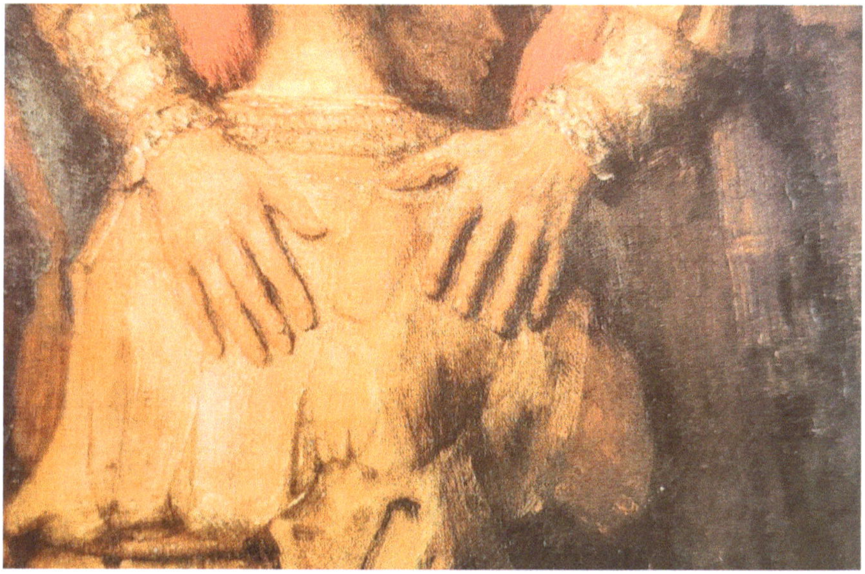

Abbildung Eremitage St. Petersburg, 2001

Jesus konnte die Parabel vom liebenden Vater[1], von Gott deshalb so gut den Menschen vor Augen stellen, weil er selbst die Liebe des Vaters erfahren hat. Bei der Taufe und später noch mal bei der Verklärung spricht Gott direkt zu ihm: „Dann war eine Stimme zu hören. Sie ertönte aus dem Himmel und sagte: ‚Du bist mein Sohn, den ich lieb habe. Über dich freue ich mich sehr.'"[2] Ich vermute, dass Jesus nicht nur bei diesen beiden Gelegenheiten die Zusage, diese Wertschätzung von seinem Vater bekommen hat. Er hat die Liebeserklärung des Vaters immer wieder in sich gehört und gespürt.

1 Die Geschichte wird normalerweise als die vom verlorenen Sohn überschrieben.
2 Mk 1,11, „Das Buch." (Werner, 2022)

Das Vaterbild entgiften

Das, was wir als kleine Kinder aufgesogen haben, prägt bis heute unsere bewussten, aber vor allem unsere unbewussten Vorstellungen von Gott, dem Vater. Gott ist so anders als das, was wir als menschliche Erfahrung in uns tragen. Leider prägen bis heute Vorstellung vom strafenden Gott, von Sünde und Verdammnis, von dem Gott, der alles sieht und sich alles merkt, die Gedankenwelt vieler Gläubiger. Dieses Vaterbild braucht Entgiftung.

Die Gefahr der Projektion

Wenn wir die Metapher[1] „Vater" bzw. „Vater und Sohn/Tochter" gebrauchen, dann stehen wir in der Gefahr, unsere Erfahrungen mit den Menschen, die für uns Väter und Mütter waren, auf Gott zu projizieren.

Wenn ich auf die Generation meines Vaters schaue, so waren diese Männer vom Nationalsozialismus verführt und vom Krieg geprägt. Die Erziehung, die sie genossen hatten, formte ihre Art, uns, ihre Kinder, zu erziehen. Viele aus der Kriegs- und Vorkriegsgeneration haben das pädagogische Repertoire der eigenen Eltern und der NS-Zeit zutiefst verinnerlicht. Mir begegneten neben der körperlichen Züchtigung auch verbale Ablehnung und Erniedrigung. Kaum ein Wort der Ermutigung, der Bestätigung – außer von meiner Mutter –, an das ich mich erinnern könnte.

Ohne es als Kind oder Jugendlicher bewusst wahrzunehmen, prägten die Erfahrungen mit LehrerInnen, mit Respektspersonen, auch mit dem Priester, der mich zur Erstkommunion geführt hatte, mein Bild von Gott. In der 3. Klasse musste ich zur Strafe auf einem Holzscheit knien und bis zum Ende meiner Grundschulzeit waren „Tatzenschläge"[2] für Jungen noch üblich. Ich hatte ein zwiespältiges Bild von Gott in mir: Ein strafender und ein gütiger Gott; ein liebender Gott, der aus Liebe „züchtigt". Was für eine Verwirrung erlebte ich in meinem kindlichen Alter!

---

1 Metapher: ein bildlicher Vergleich, (Das Lexikon, Band 9, S. 518)

2 Tatzenschläge: Mit einem Stock oder Lineal wurde (meistens) Jungen auf den Handrücken geschlagen.

Geliebte sind wir

Wenn es etwas gibt, was alles andere überragt, dann die Botschaft des liebenden Vaters, des liebenden Abba. Wir Menschen sind zuallererst Geliebte. Ohne dieses Wissen, ohne das Erkennen des Herzens wird das geistliche Leben zur Qual. Wenn wir das VaterUnser beten, dann beten wir: Du, Abba, Du bist mein Papa – ich darf mich vertrauensvoll in Deine Arme werfen.

Ich bin ein Geliebter

Während meines Vorpraktikums hatte ich die Gelegenheit, mit einer Gruppe junger Leute auf einer Jugendfreizeit in Griechenland die Geschichte aus Lukas 15 intensiver zu bedenken. Sie wird in den Bibeln mit „Der verlorene Sohn" überschrieben. Ich würde sie gerne „Der liebende Vater" nennen. Hier erzählt Jesus von einem jungen Mann (es könnte auch eine junge Frau sein), der sein Erbe vorzeitig ausgezahlt bekommen möchte. Eine Ungeheuerlichkeit! Wer sein Erbe vor dem Ableben des Erblassers haben möchte, der macht deutlich: Für mich bist du heute schon gestorben! Doch dieser Vater macht das. Er zahlt den Sohn aus. Und der Sohn (Tochter) geht und genießt sein Geld. Freunde, Spaß, Konsum und Lustgewinn mögen der Gegenwert gewesen sein. Doch als das Geld verbraucht ist, verlassen ihn die vermeintlichen Freunde und er landet bei den Schweinen. Dort kommt er zur Einsicht und kehrt zu seinem Vater zurück. Er will lieber Tagelöhner im Hause seines Vaters sein, als hier in der „Sauerei" zu verhungern. Doch was für eine Überraschung: Der Vater sah ihn von „Weitem" kommen und lief ihm entgegen. Dieser Vater muss sich vor Liebe „verzehrt" haben, dass er den entlaufenen Sohn von „Weitem" sah. Er umarmt seinen Sohn, legt ihm neue Kleider an; mit dem Ring gibt er ihm die Sohneswürde zurück und lässt ein großes Fest vorbereiten.

Dass die Erzählung noch weiter geht, spielte auf dieser Freizeit für uns keine große Rolle. Zurück in Deutschland entstand die Idee aus dieser Geschichte ein Bühnenstück zu erarbeiten. Diesem Projekt schlossen sich etwa 30, manchmal bis zu 40 Teenager an. Wöchentlich trafen wir uns, hörten uns zunächst den Text aus Lukas 15 erneut an und begannen dann in kleinen Workshops, das Theaterstück vorzubereiten. Dialoge, Kostüme, Technik und Ausstattung u.v.a. – es wurde geplant und vorbereitet.

Nach etwa einem halben Jahr, ich glaube es war vor Ostern, packte mich der Text plötzlich selbst. Ich erinnere mich noch, wie ich – sicher auch erschöpft und k.o. - in meinem Studentenzimmer saß und plötzlich vor Glück weinen musste. Ich konnte gar nicht mehr aufhören. Es war etwas in meinem Herzen passiert. Rückblickend kann ich sagen: Mir wurde bewusst, dass ich dieser geliebte Sohn des Vaters bin. Eigentlich wollte ich diese Botschaft an die jungen Leute weitergeben und nun merkte ich, wie ich selbst gemeint bin. Zutiefst bin ich von Gott hier berührt worden. In meinem Herzen wurde eine tiefe Lücke gefüllt. Mein damaliger geistlicher Begleiter besuchte mich in meiner Studentenbude und ermutigte mich, diesem inneren Erkennen weiteren Raum zu geben. Dass wir das Theaterstück mehrfach in München aufführen konnten und sogar nach Stuttgart eingeladen wurden, blieb für mich und uns eine schöne Erfahrung. Doch die entscheidende innere Wende in meinem Leben war die, selbst von der Liebe Gottes berührt worden zu sein.

Damals fand ich kaum Worte. Es war, wie wenn etwas in mir total ausgewechselt worden war. Plötzlich war Gott nicht mehr der Aufpasser und Spielverderber. Ich erlebte Gott als einen, der die Fesseln löst. „Aufatmen“ kann ein gutes Stichwort sein. In den Folgejahren erlebte ich immer wieder eine Erinnerung an diesen Vorgang:

Der Gnadenstuhl

Der sogenannte Gnadenstuhl[1], von Masaccio im 15. Jahrhundert als Fresko in Santa Maria Novella in Florenz gemalt, berührte mich urplötzlich. Ich wurde, durch einen guten Reiseführer angeleitet, auf die Anordnung der drei Personen Gottes in einer scheinbaren Kapelle in damals „neuer" Zentralperspektive aufmerksam gemacht.

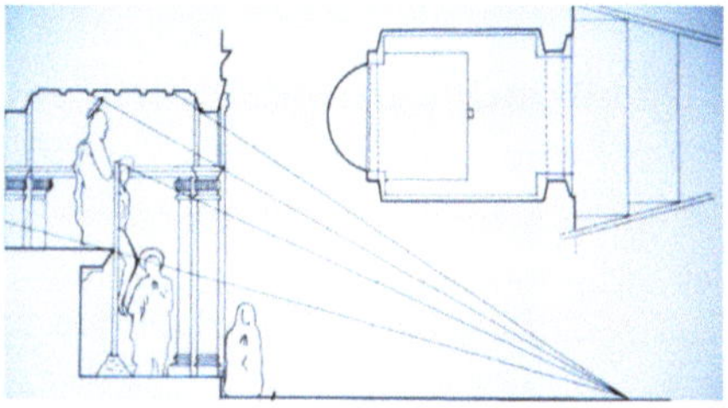

Schemazeichnung aus: Masaccio, Henschelverlag - Berlin 1979

Gott Vater hält seinen Sohn in die „Welt" hinein. Der Heilige Geist, den man erst auf den zweiten Blick als Taube erkennt, bildet die Verbindung zwischen Himmel und Erde. Maria – sie weist auf Jesus hin – und Johannes – er steht anbetend unter dem Kreuz - begleiten das Geschehen. Die Begebenheit wird von den Säulen und Mauern der „Scheinkapelle" eingerahmt. Die Stifter dieses Altarbildes knien anbetend außen davor. Nichts ragt von außen an das

1 Gnadenstuhl – ein Bildprogramm, das die Dreieinigkeit Gottes darstellt. (Das Lexikon, Band 5, S. 534)

Geschehen im Innern der Kapelle - so, als ob es keinen Zugang gäbe. Nur am untersten Punkt der Kapelle ist ein kleiner Durchbruch im Mauerwerk zu erkennen. Hier überwindet das Blut des Gekreuzigten als einzige Verbindung zwischen dem Heiligen Geschehen und dem Betrachter die Darstellung der Dreieinigkeit Gottes. Mir wurde bewusst, dass die Liebe Gottes im Mittelpunkt des Geschehens stand. Es war, wie wenn das Fresko mir zurufen würde: „Für Dich!“ „Aus lauter Liebe zu Dir.“

Das Herz Jesu
Erst vor kurzem entdeckte ich in der Kirche St. Ludwig bei Wipfeld am Main ein Apsis-Gemälde, das Jesus mit einem offenen Herzen darstellt. Früher hätte ich es als kitschige, naive Malerei abgetan. Plötzlich „sprach“ dieses Bild mein Herz an. Es war, wie wenn das Herz Jesu mein Herz berühren würde.

Durch ganz unterschiedliche Begebenheiten, durch Begegnungen, durch Bilder, Worte und Filme (z.B. „Die Hütte“) erlebte ich die „Entgiftung“ vom erfahrenen Vaterbild. Mein Herz fand Heilung. Nicht mit einem „Fingerschnipp“, sondern kontinuierlich, als ob es immer wieder Anstoß für meine Seele brauchte.

„Du bist meine geliebte Tochter“, „Du bist mein geliebter Sohn“
diese Worte im Innersten des Herzens zu hören, zu spüren und wahrzunehmen ist ein Geschenk, für das Menschen sich öffnen können. Das sind Worte, die lebendig machen, die ermutigen, die zum Leben führen.

Unser Vater - das Gebet steht im Plural

Im ersten Vers des VaterUnsers wird die Anrede noch ergänzt mit *unser* Vater. Wer Vater, wer Abba spricht, der ist sofort verbunden. Er wird Teil einer Gemeinschaft. Am DU Gottes werden wir zum ICH und können dadurch zum DU für andere werden[1].

---

1 ICH und DU: Angelehnt an Gedanken von Martin Buber im gleichnamigen Aufsatz: „Ich und Du“

Wir kommen als Baby „unfertig“ zur Welt. Wir sind auf die Versorgung durch die Eltern angewiesen. Es bedarf jedoch nicht nur der leiblichen Versorgung, es braucht die Ansprache eines anderen, eines Gegenübers. Das Baby braucht eine andere Person, an die es sich binden kann. Aus einer „sicheren“ Bindung findet das Kind zu sich und zu einem Gegenüber. Es findet zum WIR.

Wir sind immer Teil eines Beziehungssystems. In der Ursprungsfamilie, in Kindergarten oder Schule, im beruflichen Umfeld wie in der eigenen Familie. In der systemischen Beratung kommt diese Dimension besonders zum Tragen. Wir sind Teil eines Systems und erleben uns in Beziehungen.

Natürlich beten wir das Gebet Jesu auch alleine. Doch eigentlich will das VaterUnser uns in eine Gemeinschaft führen. Es lässt sich nur in der Gemeinschaft wirklich beten. Es lässt sich auch nur in Gemeinschaft wirklich leben.

Im Himmel – das Gegenteil von „ganz weit weg“

Der Vers birgt noch eine weitere Überraschung: Er spricht von Gott, der im „Himmel“ ist. Was für eine eigenartige Formulierung! Wie absurd wäre es, wenn wir Gott im Firmament verorten könnten. Juri Gagarin, der erste russische Kosmonaut, meinte bereits, dass er Gott dort nicht angetroffen habe.

Im Englischen gibt es zwei Begriffe: Heaven und Sky. Jesus lehrt seine Jünger: „Gott ist im ‚Heaven‘ und nicht im Firmament (Sky)“. Damit ist genau das Gegenteil von „ganz weit weg“ gemeint. ‚Im Himmel‘, so R. Körner, steht für „uns ganz nah“, für „überall und in meinem Herzen“. Jesus spricht von seinem „Abba“ als dem, der bei uns ist und doch in allen „Universen“.

Ein Bild – frei nach Markus 10,16

Vor einiger Zeit besprach ich mit einigen Kolleginnen diesen Gedanken des liebenden Vaters im Himmel. Eine Teilnehmerin fragte, wie ich mir das denn vorstelle, wie im Himmel die Liebe Gottes zu uns Menschen aussehe?

Sehr spontan beschrieb ich folgende Szene:

> Ein riesiges Fußballstadion mit mehreren zigtausend Engeln, die als Zuschauer ein Geschehen, das im Anstoßkreis stattfindet, feiern. Dort steht Jesus mit einem Menschen. Er legt seine Arme auf die Schulter der Person, ohne sie zu bedrängen. Dann flüstert er: „Du bist die geliebte Tochter/der geliebte Sohn des ‚Abba'."
>
> Die Engel hören das und jubeln noch lauter und rufen: „Sag's noch einmal!", „Sag's noch einmal!" Und Jesus spricht mit der Person weiter. „Du bist geliebt." „Alles hab ich für dich gegeben, damit du erfährst, dass meine Liebe stärker ist als alle deine schlechten Erfahrungen, als dein Versagen, als deine Sünde."

Vielleicht ein naives Bild. Manche mögen diese Vorstellung peinlich finden. Vielleicht kann diese Szene jedoch das Herz berühren.

Bist zu uns wie ein Vater

Bist zu uns wie ein Vater,
der sein Kind nie vergisst,
der trotz all seiner Größe
immer ansprechbar ist.

Christoph Zehendner

Du, Abba, Dein Name werde geheiligt wie im Himmel so auch hier auf Erden

„Glückwunsch dem, der nicht mitläuft in der Menge der Gottesfeinde und sich nicht hinstellt auf dem Weg der Übeltäter, ja, Glückwunsch allen, die nicht mit den Großmäulern zusammensitzen!
Ja, glücklich zu preisen ist, wer die Lehre des HERRN mit Freude aufnimmt und sie Tag und Nacht in seinem Herzen bewegt!
Solche Menschen sind wie Bäume, eingewurzelt an den Wasserläufen. Wenn die Zeit reif ist, bringen sie ihre Frucht und ihre Blätter verwelken niemals. Ja, alles, was sie anpacken, gelingt."

(Psalm 1,1-3, „Das Buch")

Geheiligt – was soll das bedeuten?

„Geheiligt werde Dein Name" – Was soll das denn bedeuten? Wie soll das denn gehen? Geheiligt[1] meint (umgangssprachlich) besonders wichtig, von größter Bedeutung, besonders wertvoll.

So wird es zunächst darum gehen, die eigene innere Orientierung auf Gott auszurichten. Ihm im eigenen Leben die erste Stelle einzuräumen. Nicht den vielen Stimmen zu folgen, sondern die Stimme Gottes in uns wahrzunehmen. Dazu ist der Heilige Geist geschenkt, dass er uns das Herz Gottes, das sich in Jesus zeigt, offenbart. (nach Joh 15,26).

Ganz praktisch geschieht dies, indem wir uns mit dem Wort Gottes beschäftigen. Die Bibel lesen, studieren. Sich wundern, sich fragen, sich ärgern, sich freuen. Die Texte sprechen ganz lebendig in die eigene Gedankenwelt. Oftmals merken wir, wie unterschiedlich die Geschichten in uns selbst wirken.

---

1 Geheiligt: ausgesondert, abgesondert vom Alltäglichen.

Beim wiederholten Lesen werden plötzlich ganz neue Aspekte einer Geschichte sichtbar. Es hilft auch, sich mit anderen über die Worte Gottes in der Bibel auszutauschen.

Aber auch: Wir sind eingeladen Gott unter uns zu „feiern“: in Gottesdiensten, im Lobpreis, in gelebter Gastfreundschaft. Feste zur Ehre Gottes miteinander feiern. Die Orte mögen sehr unterschiedlich sein: ob in der Gemeinde oder in der Familie, in der Natur, in der Begegnung, ob im Dienst am anderen Menschen oder in der Stille, allein mit Gott.

Was kann der Mensch zur Heiligkeit des Namens Gottes beitragen?
Aber es bleibt die Frage: Was kann der Mensch eigentlich tun, machen, sagen, dass er die Heiligkeit Gottes mehren könne? Gott ist heilig, sonst wäre er nicht Gott. Geht es etwa um das aus den 10 Geboten geforderte 2. Gebot „Du sollst den Namen Gottes nicht missbrauchen“? Das erschiene quasi als 1. Bitte im VaterUnser sehr blass.

Der Lobpreis Gottes: „Glücklich“ sollst du, Abba sein.[1]
Der Lobpreis Gottes blieb mir fremd bis ich 1972 während und nach der Olympiade in München Lieder der Erneuerung kennenlernte. Diese Lieder brachten eine innige Beziehung zu Gott zum Ausdruck. Sie waren von einfachen Melodien begleitet, die es leicht machten, in den wiederkehrenden Gesang einzustimmen.

Später entdeckte ich in den Chorälen, in den Psalmen, in den Gesängen von Taizé, in den Kirchenliedern und in den klassischen Werken der Musik, wie intensiv, wie tiefgründig, wie voller inniger Beziehung der Lobpreis noch sein kann.

Doch es blieb die Frage in mir, was dieser Gedanke „geheiligt werde dein Name“ bedeuten könne. Mit den neuen Lobpreis- und Anbetungsliedern war gewiss eine Form entstanden, gemeinsam das Lob Gottes auszudrücken. Aber war das alles?

---

1 Übertragung nach R. Körner

Spurensuche

Wenn der „Name“ Gottes geheiligt werden soll, muss die Frage geklärt werden, was der Name Gottes bedeutet.

Gott nennt seinen Namen: „Ich bin, der ich bin“[1]

Mose sieht einen brennenden Dornbusch, der nicht verbrennt. Als er hinzutreten will, heißt es, er solle seine Schuhe ausziehen, denn dies sei heiliger Boden. Auf die Frage, wer es sei, der ihn anspricht, erhält Mose die Antwort aus dem Dornbusch: „Ich bin, der ich bin“ , „ich bin, ‚der ich bin da‘“, der „ich bin in Vergangenheit, Gegenwart und Zukunft“. Gott offenbart sich in die Zeit hinein. Er ist erkennbar in Vergangenheit, Gegenwart und Zukunft!

Das hebräische Wort ‚Schem‘

Auf einen weiteren Aspekt weist R. Körner hin. Mit dem hebräischen Wort ‚Schem‘ für ‚Name‘ ist zugleich *‚Wesen‘* gemeint. Mit dem Namen wird das Wesen offenbar.

Der „Bua vom“ ....

Diese Spuren brachten mich auf eine sprachliche, kulturelle Formulierung, die im jüdischen und arabischen Raum, aber auch unter uns vorkommt. Wenn von einem Kind – häufig nur von den Jungs – in einer Dorfgemeinschaft die Rede ist, wird dieser oft benannt mit „der ist ja der ‚Bua‘ vom ...“ und dann wird hier der Name des Vaters oder manchmal des Großvaters eingesetzt.

Eine Kollegin, Gabriele Schöler, erzählte mir, dass in ihrer badischen Heimat, „im Zuzenhäuser Gschwez“[2] mit der Frage: „Wem käsch’n du?“ nicht nur die Zugehörigkeit zu einer Familie geklärt werden sollte, sondern auch „wessen Kind“ man ist, zu welchem „Stall“ jemand gehört, welcher Mensch Mann/Frau ist. Im Innenverhältnis der Familie wurde ebenso auf die Verantwortung des Kindes gepocht, doch dem Vater bzw. der Familie keine „Schande“ zu bringen.

---

1 Exodus 3,14

2 Gschwez: Gerede, Geschwätz

Den Namen ehren – dem Wesen entsprechen.
Wenn wir also Gottes Namen heiligen sollen, so könnte der Schlüssel zum Verständnis der ‚*Name*' Gottes sein. Wenn ich den „Namen" ehren soll, wenn wir Gott glücklich machen wollen, wenn wir Gott nicht entehren wollen, dann gilt es dem Namen Gottes zu „entsprechen", dem Wesen nach zu entsprechen.

Der erste Vers beginnt mit der so persönlichen Anrede: „Du, Abba". So liegt nahe, dass wir als die geliebten Kinder des Abba diese Liebe erwidern und sie untereinander üben. Geprägt von der Liebe Gottes ehren wir Gott und machen ihn „glücklich", wenn wir ihn und einander lieben. Gott ist es, der zuerst liebt und uns „zurechtliebt". Gott schafft für uns die Voraussetzung, indem er sich als der liebende Vater und die liebende Mutter erweist.

Gottes Wesen lässt sich erkennen
Auf vielfältige Weise hat sich Gott offenbart. Was der Mensch von Gott erkennt, wird sehr unterschiedlich sein.

Das Alte Testament erzählt in vielen Geschichten von Begegnungen zwischen Gott und den Menschen. Gott hat sich in die Zeit hinein gezeigt durch Worte, durch Wegweisungen, durch Träume usw. Das Alte Testament offenbart durch die erlebte Geschichte mit seinem Volk sein Wesen. So wird er u.a. als der Schöpfer beschrieben (freilich nicht im naturwissenschaftlichen Sinn).

Gott liebt das Leben. Er liebt die Vielfalt, die Würde des Menschen und die der gesamten Schöpfung. Er liebt die Freiheit des Menschen, denn nur aus Freiheit entsteht wahre Liebe.

Gott ist ein Gott, der einen Bund mit Abraham schließt, und dieser Bund hält bis heute. Er befreit sein Volk aus der Sklaverei Ägyptens. Er gibt ihm am Berg Sinai Orientierungsworte, Gott beschützt die Schwachen, die Witwen und Waisen. Heute würde man sicher noch anfügen, die von uns arm gemachten, die sich nicht wehren können, die von uns ausgebeutete und geschundene Natur und, und, und…

Damit wären wir ganz nah in unserer Wirklichkeit. Wenn wir Gottes Namen heute heiligen wollen, dann verweist uns die Offenbarung seines Namens auf unsere Aufgaben, auf unsere Verantwortung, auf das, was zu tun nötig ist.

Jesus – eine neue Qualität der Offenbarung Gottes

Mit Jesus, dem Sohn Gottes, beginnt eine völlig neue Qualität der Offenbarung des Gottes-Namens. Hier ist nicht genug Raum, alle Aspekte ausreichend zu beschreiben. Ich will nur ein paar wenige kurz erwähnen. Jesus ist ein Freund der Freude – er verwandelt bei der Hochzeit zu Kana Wasser in Wein. Jesus ist ein Freund der Frauen – er beschützt die „Ehebrecherin“ (wo ist eigentlich der Mann dazu??) vor den selbstgerechten Männern, die sie steinigen wollen. Jesus ist ein Freund der Ausgestoßenen und Verachteten – er geht zu dem Zöllner und setzt sich dem Vorwurf aus, mit Sündern zu speisen. Jesus ist ein Diener – er wäscht die Füße seiner Jünger. Jesus liebt bis zum Ende am Kreuz.

Wir erkennen relational

Wer den Namen Gottes heiligen will, lebt so, wie er ihn - Gott in Jesus - erkannt hat. Im Johannesevangelium Kapitel 14 Vers 6 heißt es: „Ich [Jesus] bin der Weg und die Wahrheit und das Leben; niemand kommt zum Vater außer durch mich.“ Wenn Jesus hier auf sich als den Weg, die Wahrheit und das Leben verweist, dann gilt es eine personale Beziehung zu Jesus zu pflegen und wahrzunehmen, wie sich Jesus durch sein Wirken und seine Worte – in uns selbst – „offenbart“. Gott will durch und in uns seine Geschichte weiterschreiben. Er will durch uns hindurch weiter diese Welt lieben. So könnte mit „geheiligt werde Dein Name“ zweierlei gemeint sein: Gott im Herzen und in den Gedanken als besonders wertvoll, als heilig zu verehren; und entsprechend dem Wesen, das ich als Mensch erkenne, zu leben, zu handeln, zu lieben.

Wie im Himmel

Die Ergänzung „wie im Himmel, so auf Erden" – aus der für mich „zurechtgebeteten" Version – hilft mir an dieser Stelle wieder weiter. Im Himmel findet der Lobpreis statt, in den wir einstimmen können. Wir können Gott preisen, so wie es die Engel tun. Wir können dem „Wesen" Gottes entsprechen und unser Leben an dem, was wir von ihm erkannt haben, ausrichten.

Erde singe, dass es klinge

Erde singe, dass es klinge
laut und stark ein Jubellied!
Himmel alle, singt zum Schalle
dieses Liedes jauchzend mit!
Singt ein Loblied eurem Meister,
preist ihn laut ihr Himmelsgeister!
Was er schuf, was er gebaut,
preist ihn laut!

T: nach Johannes von Geissel

Du, Abba, Dein Königtum komme -

so wie die Kultur der Liebe im Himmel herrscht, so auch hier auf Erden.

... er stürzt die Mächtigen vom Thron
und erhöht die Niedrigen.
Die Hungernden beschenkt er mit seinen Gaben
und lässt die Reichen leer ausgehen.
Er nimmt sich seines Knechtes Israel an
und denkt an sein Erbarmen,
das er unsern Vätern verheißen hat,
Abraham und seinen Nachkommen auf ewig.
(aus dem Magnifikat, Lk. 1,52-55)

Dein Königtum komme heute

Die Kultur Gottes möge auf Erden Gestalt gewinnen. So wird im Markusevangelium die Botschaft Jesu verstanden. „Die Zeit ist erfüllt, das Reich Gottes ist nahe. Kehrt um und glaubt an das Evangelium!"[1] Die Zeitform im Hebräischen legt nahe, dass es um die Gegenwart geht, ums „Heute" und um das anbrechende Königtum Gottes. Dort, wo die Kultur Gottes gelebt wird, dort ist das Reich Gottes bereits angebrochen. Mit „die neue Wirklichkeit" übersetzt Roland Werner in seiner Übertragung des Neuen Testamentes den Begriff „Reich Gottes". Die neue Wirklichkeit beginnt jetzt und bestimmt das Zukünftige.

Das von mir mitgedachte „wie im Himmel so auf Erden" verhindert, dass wir uns auf das Jenseits vertrösten bzw. vertrösten lassen.

1 Mk. 1,15

Das Magnifikat[1] - eine umstürzende Erkenntnis

Schon vor der Geburt Jesu erkennt Maria, welch umstürzende Kraft mit Jesus in die Welt kommt. Im sogenannten „Magnifikat“ erkennt und glaubt Maria:

- ... die „Größe Gottes“ - nicht das Klein-Klein;
- ... der „Rettung“ - nicht der Verurteilung;
- ... das „Geringe“ - nicht das Protzige;
- ... den „Schutz des Lebens“ und nicht Krieg, Mord und Totschlag;
- ... das „Erbarmen ist größer“ – es gilt mehr, als Be- und Verurteilen.

Maria erkennt, dass

- ... „Hochmut verwirrt“,
- ... Gott „ ... mit den Verlierern, mit den Bedürftigen ist“;
- sein „ ... Herz ist voll Erbarmen“ und
- er seinem „Bund“ treu bleibt.

Dietrich Bonhoeffer beschreibt das Lied Mariens als „das leidenschaftlichste, wildeste, revolutionärste Adventslied“. Mit ihrem „JA“ zum Handeln des Geistes erkennt Maria die Bedeutung ihrer Entscheidung.
Mit Jesus ändert sich alles – sogar das Gottesbild! Gottes revolutionäres Erbarmen kommt in die Welt. „Der Name Gottes ist Barmherzigkeit“, so formuliert es Papst Franziskus in einem Gespräch mit Andrea Tornielli, das 2016 als erstes Buch (Franziskus/Tornielli, 2016) von Papst Franziskus erschienen ist.

Wie wird es konkret?

Doch es muss konkret werden: Jesus gebraucht viele Gleichnisse und Bilder, um auszudrücken, dass das alles keine „Idee“ bleiben darf:

- das Senfkorn, das kleinste Samenkorn wird zum großen Strauch[2], die Königskultur Gottes muss in uns wachsen.
- es braucht unseren ganzen Einsatz, wie die Gleichnisrede von der Perle[1] und dem Schatz im Acker uns zeigt.

---

1 Lk. 1,46 ff

2 Mt. 13,31 ff; Mt. 13,46; Mt. 13,44, Mt. 13,24

Aber auch:

- „Unkraut und Weizen“[1] beides soll wachsen, denn es besteht die Gefahr, dass mit dem vermeintlich Bösen, auch das Gute vernichtet wird.

Was Königskultur bedeutet, zeigt sich im Handeln Jesu:

- er spricht nicht nur davon, dass der „Größte unter euch, der Diener sei“, sondern bindet sich die Schürze um und wäscht den Jüngern die Füße;
- er nennt seine Jünger seine Freunde und betont, dass er sein Leben gibt für sie;
- dann lässt er zu, dass Hass und Wut sich an seiner Liebe austoben, ohne dass er zurückschlägt. Im Gegenteil, er bittet noch angesichts des Todes für seine Feinde.

Eine Revolution im Kopf und im Herzen

Wenn es im Markusevangelium heißt, „tut Buße und glaubt an das Evangelium“, dann kommt die umstürzende Wahrheit für heutige Hörer nur sehr blass ins Bild. Einige mögen den Text „moralisch“ verstehen. Sie denken an den Dekalog und glauben, dass es Jesus in erster Linie nur um die Erfüllung der Gebote gehe.

Weit gefehlt! Es geht um viel mehr. Mit Jesus kommt eine umstürzende Wirklichkeit auf die Welt. Es geht um ein Umdenken. Um eine Revolution „im Kopf“ und „im Herzen“, aus dem ein neues Leben erwächst.

Es geht darum, auf das zu achten, was und wie Jesus redete und was er tat. Das verändert die Sichtweise auf das „Reich Gottes“. Es geht um das „Königtum Gottes“, um die neue Wirklichkeit. Und die ist geprägt von der unfassbaren Liebe, vom Erbarmen, von der Barmherzigkeit des Abba-Vaters zu uns.

Ubi caritas

Ubi caritas et amor, ubi caritas Deus ibi est.

M u S: Jacques Berthier, Gesang aus Taizé,
Ü: Wo Güte und Liebe herrschen, das ist Gott.

---

1 Mt. 13, 24 ff

Du, Abba, lass Deinen Willen geschehen – wie im Himmel so auf Erden

Wer den Willen Gottes tut,
der ist für mich Bruder und Schwester und Mutter.
(Mk. 3,35)

Der Wille Gottes - die Freiheit des Menschen

Was bedeutet nun Wille? Wir verstehen unter Willen die Entschlusskraft des Menschen, das, was er sich vorgenommen hat, mit aller Kraft umzusetzen. R. Körner erläutert hier, dass der Begriffsinhalt früher weiter gefasst worden sei. „Gemeint war, was der Mensch grundsätzlich und auch ganz allgemein ‚will', denkt und fühlt". Aus dem, so Körner, böte sich eine bessere Übersetzung an: „Abba, deine Einstellung zu uns Menschen und zu aller Schöpfung möge auch unsere Grundhaltung sein!"

Die Übersetzung betont die Verbundenheit des Inneren des Menschen mit dem Herzensanliegen Gottes. Da geht es nicht um Willensaufgabe. Mit aller Kraft und Stärke, die im Menschen angelegt ist, möge sich das eigene Leben in die unendliche Liebe Gottes einschwingen. Hier geht es nicht darum, unser Leben aufzugeben. Es geht vielmehr darum, aus Liebe das Leben in Freiheit zu gestalten.

Freiheit deshalb, weil Liebe nicht in sklavischer Abhängigkeit entstehen kann. Bereits in der Schöpfungserzählung wird die Freiheit des Menschen, sich auch gegen das Gebot Gottes, vom Baum des Lebens zu essen, beschrieben[1]. Gott wollte ein Gegenüber, eine Kreatur „Ihm gleich"[2]. Der Mensch sollte wie Er ein liebendes Wesen sein. Und Liebe gibt es nicht ohne Freiheit, sich zu entscheiden.

---

1 Die Schöpfungserzählung wird zwei Mal beschrieben. Der Baum der Erkenntnis von ‚Gut und Böse' findet sich in Genesis 2, 9 und 16-17

2 Genesis 1, 26-27

lass Deinen Willen geschehen.

Verbunden mit Gott

Ein Abschnitt des Johannesevangeliums hilft, den Gedanken des VaterUnser-Verses besser zu verstehen. In Joh 15, 1 ff gebraucht Jesus ein Gleichnis aus der Landwirtschaft – der Weinstock und die Reben, um den Willen Gottes zu erläutern: Er fordert seine Jüngerinnen und Jünger dazu auf, ganz mit ihm verbunden zu bleiben.

Die Reben sollen am Weinstock bleiben, denn sonst verderben sie. Vers 5: „Ich bin der Weinstock, ihr seid die Reben. Wer in mir bleibt und in wem ich bleibe, der bringt reiche Frucht; denn getrennt von mir könnt ihr nichts vollbringen." Und betont in Vers 9: „Wie mich der Vater liebt, so liebe ich euch. Bleibt in meiner Liebe!" Es ist die Liebe, die Liebeskultur Gottes, die uns „Abba" sagen lässt, und es ist der Wille Gottes, dass wir aus dieser Liebeskultur in Freiheit unser Leben gestalten. Und noch einmal: wie im Himmel so auf Erden. Keine Vertröstung, sondern konkret hier und heute.

Liebender oder strafender Gott

Viele Christinnen und Christen lesen in diesen Versen mehr den ambivalenten Gott heraus, wenn es in Vers 6 heißt: „Wer nicht in mir bleibt, wird wie die Rebe weggeworfen und er verdorrt. Man sammelt die Reben, wirft sie ins Feuer und sie verbrennen."

Sie interpretieren diese Stelle so, dass sie selbst, quasi als Strafe, ins Feuer geworfen werden, wenn sie den Willen Gottes nicht verwirklichen. Das Gegenteil ist der Fall! Es geht darum, dass alle Kraft des Weinstocks in die Früchte gehen möge.

Wie wichtig die Pflege des Weinstocks ist, hat mir ein befreundeter Winzer, Giovanni Ammirabile aus der Toskana, erläutert: Damit der Weinstock reiche Frucht trägt, müssen die überflüssigen Zweige beschnitten werden. So kann die ganze Kraft in die Trauben gehen.

Jesus wünscht sich für uns, dass wir nicht nutzlos leben, unser Leben nicht sinnlos bleibt. Er will, dass wir reichlich Frucht bringen und wir und viele andere Freude daran haben.

Gottes Wille und unser Wille verbünden sich

Wenn wir in das Gebet Jesu mit einsteigen, dann bedeutet das nicht „Willensaufgabe". Gottes Wille und mein/unser Wille verbünden sich. Mein Wille findet Orientierung zum Leben in der Freiheit, die Gott schenkt. Gott ist ein Freund des Lebens, der Liebe und der Freiheit.

Willensaufgabe – eine Fehldeutung

Verschiedene Textstellen im Neuen Testament deuten darauf hin, dass es nicht um Willensaufgabe geht, sondern u.a. um Erneuerung des Denkens, um Prägung des Lebens und um gute Taten:

- Römer 12,2 „Und gleicht euch nicht dieser Welt an, sondern lasst euch verwandeln durch die Erneuerung des Denkens, damit ihr prüfen und erkennen könnt, was der Wille Gottes ist: das Gute, Wohlgefällige und Vollkommene!"
- 1. Thess 4,3 „Das entspricht dem Willen Gottes, dass ihr euch allein ihm zur Verfügung stellt und euch ganz von ihm prägen lasst." („Das Buch")

Eine schwierige Fehldeutung ist die Überzeugung, dass Jesus am Ölberg seinen Willen aufgegeben habe. Daraus entstand die Vorstellung, dass auch die Gläubigen in der Hingabe des Lebens zur Erfüllung des Willens Gottes finden - quasi als menschliches Opfer. Es würde also darum gehen, ihren Willen aufzugeben. Jesus sah, was auf ihn zukommen wird, und willigte ein, die Liebe bis in den Kreuzestod zu leben. Dass ihm dies nicht leicht gefallen ist, zeigt sein Gebetsringen im Garten Getsemani[1].

1 Mk. 14, 32 ff; Getsemani: in anderen Übersetzungen heißt der Ort Gethsemane

Und dann, am Kreuz selbst noch für die Peiniger zu beten und nicht der Versuchung zu erliegen, mit Engelsgewalt vom Kreuz zu steigen: das war der Wille Jesu!

Das Böse musste sich an der Liebe austoben. Und die Liebe hat überwunden. Die Liebe bleibt. Sie hält aus, auch wenn es schwierig wird.

Die Liebeskultur ins Leben bringen

Und hier beten wir alle: „wie im Himmel so auf Erden“! Es klingt eine Verheißung durch. Es möge auf Erden so werden, wie es im Himmel schon ist. Wir sind eingeladen, mit unserem Willen die Liebeskultur Gottes, ins Leben zu bringen.

Befiel du deine Wege

Befiel du deine Wege
und was dein Herze kränkt
der allertreusen Pflege des,
der den Himmel lenkt.

Der Wolken, Luft und Winden
gibt Wege, Lauf und Bahn,
der wird auch Wege finden,
da dein Fuß gehen kann.

T: Paul Gerhard,
M: Bartholomäus Gesius /
Georg Philipp Telemann

Gib uns das Brot, das wir täglich brauchen

> *„Wenn ein Bruder oder eine Schwester ohne Kleidung sind und ohne das tägliche Brot*
> *und einer von euch zu ihnen sagt: ‚Geht in Frieden, wärmt und sättigt euch!' ihr gebt ihnen aber nicht, was sie zum Leben brauchen - was nützt das?*
> *So ist auch der Glaube für sich allein tot, wenn er nicht Werke vorzuweisen hat."*
>
> *(Jak 2,16-17)*

Es geht um die ganze Existenz

Jesus ist nicht weltfremd. Jesus weiß, dass der tägliche Bedarf notwendig fürs Leben ist. Und hier ist sicher nicht nur trocken Brot gemeint. Es geht um die Existenz des Menschen. Er hatte in seiner Gesellschaft genügend Anschauungsbeispiele. Damals waren die Witwen und Waisen besonders bedroht.

Jesus geht es jedoch nicht nur um Brot und Wasser. Er hat den ganzen Menschen im Blick: Die schreienden Ungerechtigkeiten prangert er an. Er sieht die Kinder, er sieht die Frauen, er sieht das Leid von psychisch und physisch Erkrankten. Ihm sind die Heucheleien ein Dorn im Auge: Menschen werden von ihren religiösen Führern geknechtet.

Unser Brot - das Brot für alle

Wenn wir beten: „Gib uns das Brot", dann beten wir mit der ganzen Weltgemeinschaft der Christen um die Erfüllung dieser Bitte. Obwohl die Erde ausreichend Versorgung für alle zur Verfügung stellen könnte, lebt ein kleiner

Teil der Menschheit auf Kosten der Anderen. Wir können nicht für „unser" Brot beten und dabei den hungernden Teil der Welt vergessen. Afrika hat erhebliche Folgekosten des Klimawandels zu tragen, obwohl es nur etwa 5 % zur CO2 Belastung der Atmosphäre beiträgt. Wenn wir beten „unser Brot", so müssen die unterschiedlichen Dimensionen des menschlichen Lebens mit bedacht werden.

Lebensworte, die Sinn stiften

Ja, es geht um das Überleben. Es geht darum, die Not beseitigen zu helfen. Ganz konkrete Not: Brot, Wasser, bewahrte Natur, Schutz u.v.m. Jesus erweitert die Dimension jedoch erheblich, wenn er spricht: „Der Mensch lebt nicht allein vom Brot, sondern von allem, was der Herr zusagt"[1].

Jesus verweist auf die ebenfalls lebensnotwendige Nahrung für die Seele und den Geist. Wir brauchen „Lebensworte", die orientieren und Sinn stiften.

Ein Beispiel aus Jesu Leben: Barmherzigkeit leben!

Im Johannesevangelium (Joh 8, 2ff) wird von einer Begebenheit berichtet, die sich im Jerusalemer Tempel zutrug. Die Theologen und Pharisäer wollten ihm eine Falle stellen. Sie führten eine Frau zu Jesus, die beim Ehebruch auf frischer Tat ertappt wurde, und wollten von Jesus wissen, ob die Frau nun gesteinigt werden solle, wie es das Gesetz vorschrieb. Sie hofften, Jesus würde sich in dem Dilemma zwischen der Barmherzigkeit Gottes, die er lehrte, und der Gesetzestreue verheddern.

Obwohl es nicht explizit erwähnt wird, bückt sich Jesus zu der Frau hinunter. (Die Steine in den Händen der Ankläger fliegen nach unten!) Er geht auf Augenhöhe mit der Frau, die gleich gesteinigt werden sollte. Ich vermute, ihre Blicke begegneten sich. Sie erkennen sich. Und: Er begibt sich in die Gefahr, von den gleichen Steinen selbst getroffen zu werden. Er macht sich scheinbar ohnmächtig.

---

1 Mt. 4,4 b

Was Jesus mit seinem Finger auf die Erde geschrieben hat, bleibt uns verborgen. Als die Gesetzeslehrer nicht locker lassen, entwaffnet Jesus sie mit einem Satz. Er steht auf und sagt: „Wer von euch ohne Sünde ist, werfe als Erster einen Stein auf sie.“ (V.7)

Wieder begibt sich Jesus auf die Augenhöhe mit den Angesprochenen. In gewisser Weise gibt Jesus diesen Männern eine Chance. Die Älteren unter ihnen erkennen sofort ihre schamlose Selbstgerechtigkeit und gehen als erste. Die jüngeren Hitzköpfe brauchten zur Selbsterkenntnis länger.

Die Frau blieb schließlich allein in der Mitte übrig. Die Frage Jesu, wo denn die Ankläger seien, ob denn keiner das Urteil vollstreckt habe, überrascht auf den ersten Blick. Doch Jesus will, dass die Frau es selbst sagt: „Keiner, Herr“. Es scheint Jesus wichtig zu sein, dass die Frau es selbst erkennt und es ausspricht.

Und dann kommt der alles entscheidende Satz. Es sind Lebensworte in diese Situation hineingesprochen. Lebensworte für diese Frau und für alle Menschen. Roland Werner formuliert in seiner Übersetzung des NT's „Das Buch“ diese Stelle mit den Worten: „So verurteile ich dich auch nicht.“ Was für eine Botschaft! Was für eine gute Nachricht! Es ist, wie wenn ein „leiser Hauch“ (nach 1. Könige 19,12) die ganze Welt erfasst.

Jesus verurteilt nicht. Gott verurteilt nicht! Auch wenn uns andere verurteilen, wenn wir selbst uns verurteilen, Gott tut es nicht. Er liebt uns.

Doch damit nicht genug. Jesus gibt der Frau noch einen Sinnhorizont mit auf den Weg: „Geh nach Hause und lebe von nun an nicht mehr gegen Gottes Willen!“ (V11, „Das Buch“) Gehe dorthin, wo du zuhause bist, und lebe den Willen Gottes.

Dort, wo wir leben, in die Situation hinein, in die wir gestellt sind, lebe die Barmherzigkeit Gottes. Lebe die Liebe Gottes. Das ist die Sinndimension, die Jesus dieser Frau aufzeigt.

gib uns das Brot, das wir täglich brauchen.

Brot und Wort

Für Jesus ist klar, der Mensch braucht das tägliche „Brot“ *und* er braucht das Brot des „Wortes“: Das heutige, aktuelle jetzige Wort Gottes in meine Situation hineingesprochen. Das Wort Gottes, das lebendig wurde und unter uns wohnt. Das führt uns zur Frage, wie Gott heute spricht; wie ich heute auf Gott hören kann. Dazu später mehr.

Wenn das Brot, das wir teilen

Wenn das Brot, das wir teilen, als Rose blüht
und das Wort, das wir sprechen, als Lied erklingt,

.... dann hat Gott unter uns schon sein Haus gebaut,
dann wohnt er schon in unserer Welt.
Ja, dann schauen wir heut schon sein Angesicht
in der Liebe die alles umfängt,
in der Liebe die alles umfängt.

Wenn das Leid jedes Armen uns Christus zeigt
und die Not, die wir lindern, zur Freude wird,
.....

Wenn die Hand, die wir halten, uns selber hält
und das Kleid, das wir schenken, auch uns bedeckt,
......

Wenn der Trost, den wir geben, uns weiter trägt
und der Schmerz, den wir teilen, zur Hoffnung wird,
.....

Wenn das Leid, das wir tragen, den Weg uns weist
und der Tod, den wir sterben, vom Leben singt,
.....

Melodie: Kurt Grahl - Text: C.P. März

Du, Abba, vergib uns unsere Schuld

Ja, Gott hat diese ganze Welt so in seiner Liebe umfasst, dass er seinen Sohn, der sein Ein und Alles war, hingab. Dadurch ist es jetzt so: Keiner, der sein Vertrauen auf ihn setzt, geht verloren. Wer aber ihm vertraut, der hat damit das Leben voller Ewigkeit.

(Johannes 3,16, „Das Buch")

Vergebung, die zentrale Botschaft Jesu

„Vergib uns unsere Schuld" – die zentrale Botschaft Jesu.
Drei biblische Hinweise, die für viele stehen:

- **Schon der Name „Jesus" ist Programm:**
  Im Traum erscheint Josef ein Engel, der ihm offenbart, dass Maria einen Sohn gebären wird. Er soll dem Kind den Namen Jesus geben. „Denn er wird – wie der Name sagt – sein Volk von allen Sünden befreien."[1]
- **Vergebung und Heilung gehören zusammen:**
  Ein Gelähmter wird von Freunden zu Jesus gebracht. Weil sehr viele Menschen Jesus in dem Haus umringten, deckten die Freunde das Dach ab und ließen den Gelähmten zu Jesus hinunter. Dann heißt es dort: „Als Jesus ihren Glauben sah, sagte er zu dem Gelähmten: „Mein Sohn, deine Sünden sind dir vergeben!"[2] Wichtiger als die Wiederherstellung der körperlichen Gebrechen dieses Mannes war für Jesus die Sündenvergebung. Später spricht er ihm noch zu „Ich sage dir: Steh auf, nimm deine Liege und geh nach Hause!" und der Mann konnte gehen.
- **Jesu Blut zur Vergebung der Sünden:**
  Beim Abendmahl erklärt Jesus seinen Jüngern: „Das ist mein Blut des Bundes, das für viele vergossen wird zur Vergebung der Sünden."[3]

---

1 Mt. 1,21 b, „Das Buch"
2 Mk. 2, 5 ff
3 Mt. 26, 28

Schuld und Sünde heute eine antiquierte Vorstellung?

Es ist heute nicht einfach, von Schuld und Sünde zu sprechen. Umgangssprachlich wird höchstens noch von „da hab ich mal wieder gesündigt“ gesprochen, wenn zu viel gegessen wurde oder wenn jemand „einen über den Durst“ getrunken hat. Oder jemand ist zu schnell mit dem Auto gefahren und steht nun in der „Verkehrssünderkartei“ in Flensburg.

Der Versuch einer Klärung

Von Schuld wird im Zusammenhang von Missbrauch, Vergewaltigung und Gewalt in Familien und Organisationen gesprochen. Weniger deutlich werden die sogenannten Bagatelle-Sünden wahrgenommen. Klar ist, dass bei Einbruch, Diebstahl und Raub von Schuld die Rede ist. Ob der „Seitensprung“ noch dazu zählt, scheint nicht mehr so eindeutig zu sein. Als persönlich Betroffener sicherlich, aber im gesellschaftlichen Kontext gilt es doch inzwischen als quasi normal, einen Freund, eine Freundin neben dem Partner, der Partnerin zu haben. Bei den großen Finanzskandalen wie z.B. den „Panama-Papers“[1] oder „Cum Ex Geschäften“[2] werden die Finanzjongleure als Raubritter des Kapitalismus gebrandmarkt, aber die eigenen großen und kleinen „Tricksereien“ werden als „lässliche“ Sünden gerechtfertigt.

Unsere Begabungen und besonderen Fähigkeiten können auch zum Stolperstein für Menschen werden. Da ist jemand ein guter Redner. Er nutzt seine Begabung aus, um andere in seine Gefolgschaft zu bringen. Dadurch kann Unfreiheit und Bedrängnis entstehen. Im Schwimmbad war es ein beliebtes Spiel, einen Schwächeren ‚unterzutunken‘. Der Effekt war umso erfolgreicher, wenn der „Angriff“ für den Leidtragenden unverhofft kam. Man selbst kam dabei „groß“ raus. Dieses „Spiel“ wird leider häufig noch unter Erwachsenen gespielt, nur viel subtiler. Eine kleine Unterlassung oder nicht vollständige Information und der Kollege oder die Kollegin sieht vor dem Vorgesetzten ‚dumm‘ aus. Man selbst kann es dann generös, scheinbar helfend klarstellen und erhält „Punkte“ beim Chef bzw. der Chefin.

---

1 Ein Finanzskandal, der 2016 aufgedeckt wurde.

2 Der Cum-Ex-Skandal gilt als größter Steuerbetrug aller Zeiten. Aktienhändler, Anwälte, Banker, aber auch Banken und Finanzinstitute wickelten Geschäfte ab, deren Ziel es war, eine Steuer, die nur einmal bezahlt wurde, mehrfach zurückzubekommen. (Zeit online)

Es wird häufig der eigene Vorteil gesucht und damit das Fehlverhalten legitimiert. Ein Freund erfuhr das am eigenen Leib: Auf dem Weg zu einer Veranstaltung wurde er von einem anderen Radfahrer touchiert. Nach dem Sturz gab der Verursacher eine falsche Telefonnummer an. Keine Unfall- oder Haftpflichtversicherung, geschweige denn ein Schmerzensgeld konnte den erheblichen gesundheitlichen Schaden lindern helfen.

Eine Schuld bzw. Sünde gegenüber Gott steht kaum noch im gesellschaftlichen Fokus. Eine Verletzung der Gebote wie „Du sollst keine anderen Götter neben mir haben.“[1] oder „Du sollst dir kein Bildnis von Gott machen.“[2] wird nicht mehr als „Schuld“ verstanden. Bestenfalls wird die Sonntagsruhe noch als Nachbarschaftsrecht gegenüber Ruhestörern wahrgenommen.

Inwieweit die 10 Gebote noch eine Rolle spielen, ist schon sehr fraglich. Allenfalls wird vielleicht noch die Zusammenfassung des „wichtigsten Gebotes“ zitiert: „Du sollst Gott lieben und deinen Nächsten wie dich selbst.“[3] Allerdings wurde aus dem sogenannten „Doppelgebot der Liebe“ oft ein Dreifachgebot mit umgekehrter Reihenfolge: Liebe dich selbst, dann kannst du andere lieben und vielleicht noch an Gott denken.

Drei Aspekte

1. **Sünde ist eine Macht** [4]
   Ähnlich wie die Schwerkraft ist Sünde eine Macht, die auf alle Menschen wirkt. Keiner kann sich dieser Macht entziehen. Sünde ist eine negative Macht, die von außen in mein Leben hineinwirkt und negative Auswirkungen hat. Sie wirkt sich aus auf unsere Gedanken, auf unsere Haltung und Handlungen.
2. **Sünde verändert meine Haltung**
   Sünde hat eine negative Auswirkung auf meine Haltung, indem sie mich verändert. Auf meine Haltung zu mir selber, gegenüber meiner Umgebung und in meinen Beziehungen. Auch auf meine Haltung gegenüber Gott. Sünde wirkt sich in konkreten Handlungen aus.

---

1 Ex. 20, 3
2 Ex. 20, 4
3 Mk. 12, 29
4 Aus Podcast „Tischgespräche“ mit den Pastoren Knut Nippe und Malte Detje, Folge 23

3. **Aus der Haltung erwachsen Taten.**
   Es können Worte sein, die verletzen; es können Gedanken sein, die Feindschaft säen. Ausgrenzung, Mobbing, Rücksichtslosigkeit, Geldgier, Lügen, Gewalt u.v.m. sind die Folgen.

Die Folge: Sünde entfremdet!

Die Macht der Sünde lauert in uns.[1] Sie führt zur Entfremdung mit uns selbst, mit der Um- und Mitwelt und zur Ablehnung Gottes. Jeder ist sich selbst der Nächste. Egoismus greift um sich. Verantwortung gegenüber anderen, geschweige denn Gott, wird abgelehnt. Bei den Nürnberger Prozessen zur Aufarbeitung der Schuld aus dem „Tausendjährigen Reich“ bezweifelten die Angeklagten und ihre Rechtsanwälte die Zuständigkeit des Gerichtes. Sie hätten im Rahmen der Gesetze des Deutschen Reichs gehandelt und wären nur gegenüber dieser Gerichtsbarkeit verantwortlich. Der damalige Richter, Lord Lawrence, wies diese Sichtweise zurück und betonte, dass es Menschenrechte gebe, die über den nationalen Rechten stünden. Aus dieser Sichtweise wurden später die allgemeinen Menschenrechte formuliert.

Wenn eine höhere Instanz angezweifelt, ja geleugnet wird, entsteht Feindschaft zwischen den Menschen. Streit, Missgunst, Krieg, Terror erwachsen aus der negativen Haltung zu sich selbst, zueinander und zu Gott.

Ein alter Begriff könnte etwas Klarheit bringen: „Götzendienst“

Mit „Götzendienst“ wird in der Bibel eine Einstellung beschrieben, bei der irgendetwas höchste Priorität erreicht, um eine bewusste oder unbewusste Sehnsucht zu befriedigen. Es ist die Hoffnung, über Leistung, Macht, Geld, Schönheit, Sexualität u.v.m. die ersehnte Anerkennung zu finden.

In unzähligen „Mukkibuden“[2] wird der Körper trainiert und werden entsprechende Muskelaufbaupräparate geschluckt, um der Größte zu sein. Die vergleichenden Blicke sprechen Bände.

---

1 Gen. 4, 7

2 Eine abschätzige Bezeichnung für Fitnesszentren.

Bei „DSDS“[1] machen sich Menschen große Hoffnung, berühmt zu werden.

Bei „Germany's Next Topmodel“ präsentieren sich junge Frauen, um zu den schönsten Models zu gehören, mit dem Ziel, reich, berühmt und begehrt zu werden. Ich empfand größte Fremd-Scham, den ausscheidenden jungen Frauen in ihrer Enttäuschung zuzusehen. „Pornographie des Scheiterns“. Einmal gesehen und nie wieder.

Nicht selten haben obsessiv gepflegte Aktivitäten massiv schädigende Wirkung auf die Personen selbst und auf ihre Umgebung. Wenn in der Bibel von Schuld und Sünde die Rede ist, dann ist dieses schädigende Verhalten gemeint, das anderes als Gott an die erste Stelle setzt.

Gott liebt es, zu vergeben

Wir tun uns schwer, das eigene Scheitern und Versagen zuzugeben, ja vielmehr zu akzeptieren, dass wir gefehlt haben mit Worten und Werken. Doch der Abba-Vater liebt es, zu vergeben. Es hat ihn das Leben gekostet. Aus Liebe zu uns Menschen hat er dem Bösen widerstanden. Mit seinem Tod und seiner Auferstehung wurde das Böse durch Liebe besiegt.

Gott liebt uns, er kennt uns und freut sich, wenn wir unsere Seele erleichtern. Mit dem Bekennen der eigenen Sünden und der zugesprochenen Vergebung erfahren wir die Liebe des Vaters.

Den Abba-Vater vor Augen haben, öffnet den Blick.

Wer die Liebe des Abba-Vaters in sein Innerstes lässt, dem wird es leicht fallen, sein persönliches Versagen als „Sünde“ zu benennen. Je ehrlicher wir uns unserer eigenen Schuld bewusst werden und Verantwortung übernehmen, desto mehr finden wir hinein in die Freiheit, die vor Gott gilt. Wir erfahren wirkliche Entlastung, unser Herz wird leicht.

---

1 Deutschland sucht den Superstar.

Liebesschulden

R. Körner führt in diesem Zusammenhang den Begriff „Liebesschulden" ein. Sie sind verbunden mit der Erkenntnis, dass wir oft nicht in der Lage sind, erfahrene Liebe zurückzuschenken. Liebesschulden können gegenüber einem anderen Menschen entstehen, der einen liebt, so wie man ist. Liebesschulden haben wir auch gegenüber Gott.
Gott, der uns so sehr liebt, dass er sein Leben gelassen hat, damit wir frei sind - wie sollen wir diese Liebesschulden begleichen?

Um uns einen Weg aufzuzeigen, wie diese Schulden beglichen werden können, folgt im VaterUnser „In gleicher Weise vergeben wir auch denen, die an uns schuldig geworden sind."[1]

Ich lobe meinen Gott,

Ich lobe meinen Gott,
Der aus der Tiefe mich holt, damit ich lebe

Ich lobe meinen Gott,
Der mir die Fesseln löst, damit ich frei bin

T: Hans-Jürgen Netz,
M: Christoph Lehmann

1 Mt. 6,12 b, „Das Buch"

Wie wir all denen vergeben, die uns Unrecht getan haben.

Jesus aber betete:
Vater, vergib ihnen,
denn sie wissen nicht, was sie tun!

(Lk 23,34)

Gottes Liebe zu uns ist ohne Vorbedingung

Die Interpretation, dass erst wir vergeben müssten, um die Vergebung Gottes zu verdienen ist falsch! Die Bereitschaft Gottes uns zu vergeben ist ohne Vorbedingung. Sie lässt sich nicht durch uns einschränken. Nur wir selbst schaden uns selbst und bleiben in Unfreiheit.

Woher kommt die Frage nach einer Vorbedingung?
Wenn wir das VaterUnser im Evangelium nach **Matthäus** anschauen, dann stellt sich ganz schnell die Frage, ob hier nicht von einer Bedingung für die Vergebung Gottes durch unsere – sogar in der Vergangenheit bereits vollzogene – eigene Vergebung, die Rede ist.

So heißt es gleich nach dem VaterUnser: „Denn wenn ihr den Menschen ihre Verfehlungen vergebt, dann wird euer himmlischer Vater auch euch vergeben. Wenn ihr aber den Menschen nicht vergebt, dann wird euch euer Vater eure Verfehlungen auch nicht vergeben.“[1]

Der unbarmherzige Verwalter
Und später erzählt Jesus auf die Frage des Petrus, wie oft jemand seinem Bruder zu vergeben habe, die Geschichte von einem König, der von seinen Knechten die Abrechnung[2] verlangte.

Einem Knecht, der ihm eine hohe Summe schuldete und nicht zurückzahlen konnte, drohte der König an, ihn und alles, was er hatte, zu verkaufen,

1 Mt. 5, 14-15
2 Mt. 18, 23 ff

um die Schuld zu begleichen. Als der Knecht um Gnade bat, hatte der König Mitleid mit ihm und schenkte ihm die Schuld.

Dieser Knecht begegnet nun seinerseits einem Mitknecht, der ihm einen Bruchteil dessen schuldete, was der Knecht gerade vom König erlassen bekommen hatte. Doch der Knecht bestand auf der Begleichung und ließ den Mitknecht ins Gefängnis werfen.

Davon hörte der König und rief den Knecht zu sich und sprach: „Du elender Knecht! Deine ganze Schuld habe ich dir erlassen, weil du mich angefleht hast. Hättest nicht auch du mit deinem Mitknecht Erbarmen haben müssen, so wie ich mit dir Erbarmen hatte?“[1]

Daraufhin ließ der König den unbarmherzigen Knecht ins Gefängnis werfen, bis seine Schuld beglichen war.

Jesus beendet diese Erzählung mit der Aufforderung, einander die Schuld zu vergeben. „Ebenso wird mein himmlischer Vater euch behandeln, wenn nicht jeder seinem Bruder von Herzen vergibt.“[2] Auch wenn hier die Barmherzigkeit des Königs vorausgeht, scheint sich durch das negative Verhalten des Knechtes die Haltung des Königs zu ändern.

Mit dem Fokus auf die Vergebungsbereitschaft der Jünger untereinander wird der Text verständlich. Nicht siebenmal, sondern siebzigmal siebenmal sollen wir einander vergeben.

Interpretationen dieses Gleichnisses vom Reich Gottes, dass die Gnade Gottes begrenzt sei und durch die mangelnde menschliche Vergebungsbereitschaft verspielt werden könne, kann ich allerdings nicht teilen.

Dass wir ohne unsere eigene Vergebungsbereitschaft uns selbst das Gefängnis einbrocken, kann eine Wahrheit sein, die hier aufblitzt.

Anders bei Lukas:
Er formuliert diese Bitte nicht mit der Vorbedingung unserer eigenen Vergebungsbereitschaft, sondern es heißt hier: „denn auch wir erlassen jedem, was er uns schuldig ist.“[3]

---

1 Mt. 18, 32-33
2 Mt. 18, 35
3 Lk. 11, 4 b

Was das bedeutet, wird in der Geschichte des liebenden Vaters[1], die Lukas erzählt, besonders deutlich. Hier verzeiht der Vater dem „verlorenen Sohn" ohne Bedingung. Es reicht, dass dieser kommt. Er nimmt ihn wieder vollständig in die Sohnschaft auf. Der Sohn muss nicht zuerst sein Sündenregister aufsagen und beweisen, dass er der Gnade würdig ist.

Vergebungsbitte und Vergebungsbereitschaft gehören zusammen!
Erst dadurch, dass wir Gott als den Verzeihenden erleben, werden wir fähig, auch unsererseits zu verzeihen und zu vergeben. Diese Vergebungsbereitschaft entlässt uns aus der Bindung an den Anderen.

Gefangen in der Opfer–Täter–Spirale.
Wir bleiben Gefangene, wenn wir nicht loslassen können. Menschen bleiben an den- oder diejenige gebunden, wenn das verletzende Wort, wenn die verletzende Tat weiter im Herzen und im Sinn bleibt.

Bei hochstrittigen Elternpaaren blieben die Partner so lange innerlich aneinandergebunden, wie sie nicht bereit waren, ihre Anklagen, Beschuldigungen, ihren Groll aufzugeben. Sie blieben häufig im Gefängnis ihrer eigenen Unfähigkeit zu vergeben. Sie können nicht wirklich frei sein. Und in diese Verstrickung ziehen sie andere und besonders ihre Kinder mit hinein.

Es braucht Zeit und einen Weg

Aus eigener Erfahrung weiß ich, dass es manchmal Jahre braucht, bis ein verwundetes Herz in der Lage ist zu vergeben und sagen kann „Ich habe vergeben". Meine Seele brauchte mehr als zwei Jahre, bis eine tiefe Verletzung in mir verarbeitet war und ich vergeben konnte. Dabei ist wichtig zu bedenken, dass nicht nur die Zeit heilt, sondern es einen aktiv gestalteten Vergebungsprozess braucht, um das Erfahrene zu verarbeiten und von ganzem Herzen vergeben zu können.

---

1 Lk. 15 ff

Ein möglicher Weg vergeben zu können.
Ein möglicher Weg sei hier in vier Schritten kurz umrissen. Jeder möge sich die Zeit nehmen, die er braucht, um die verschiedenen Gesichtspunkte zu bedenken.

Die Situation erfassen
Wer Verletzungen erfahren hat, kann sich fragen, was genau in ihm/ihr betroffen ist. Zunächst könnte es sich anfühlen, als ob das ganze Selbst involviert ist. Doch häufig ist es nur ein Aspekt. Meistens wurde nicht der ganze Mensch abgelehnt, verletzt oder enttäuscht. Es gilt die Verletzung zu akzeptieren, ohne sie zu verdrängen. Die Tränen dürfen geweint werden.

Abstand gewinnen
Aus einem gewissen Abstand lässt sich manches besser erkennen. Wer in der Opferrolle verbleibt, dessen Blick wird sich kaum öffnen können. Kann es sein, dass es eigene Anteile an dem Problem gibt?

Sich der Zukunft öffnen
Um die Zukunft zu gewinnen, müssen Rachegedanken überwunden werden. Vielleicht finden sich Aspekte, für die man/frau dankbar sein kann. Wenn es gut läuft und die Situation „sicher" gestaltet werden kann, kann ein (moderiertes?) Gespräch helfen. Selbst wenn der Täter, die Täterin nicht mehr leben sollte, kann es hilfreich sein, das Gespräch zu imaginieren.

Vergebungsbereitschaft einüben
Aus der überwundenen Verletzung kann ein Erfahrungswissen erwachsen. Vielleicht begegnete einem ein hilfreiches Ritual, wie einen Brief schreiben (der nicht abgeschickt werden muss) oder eine No-

tiz, die verbrannt wird, u.v.m., was künftig helfen kann. Vielleicht konnte in der Bearbeitung der Situation eine spirituelle Erfahrung gemacht werden. Wem vergeben ist, wird bereit sein, selbst auch zu vergeben.

Diese Schritte sind nicht unbedingt linear und müssen individuell angepasst werden. Der Prozess der Vergebung ist sehr persönlich und erfordert Geduld und Selbstreflexion.

Es kann sehr hilfreich sein, diesen Vergebungsprozess mit einer anderen Person zu gehen. Ein Seelsorger, eine geistliche Begleiterin oder ein/eine TherapeutIn.

Wer tiefer einsteigen möchte, dem sei das Buch von Jean Monbourquette, „Vergeben lernen in zwölf Schritten" empfohlen.

Hilf, Herr meiner Tage,

Hilf ,Herr meiner Tage,
dass ich nicht zur Plage,
dass ich nicht zur Plage
meinem Nächsten bin.

Hilf, Herr meiner Stunden,
dass ich nicht gebunden,
dass ich nicht gebunden,
an mich selber bin.

T: Gustav Lehmann, M: Hans Puls

Du, Abba, stehe uns bei in Zeiten der Versuchung

Keiner, der in Versuchung gerät, soll sagen:
Ich werde von Gott in Versuchung geführt.
Denn Gott lässt sich nicht zum Bösen versuchen,
er führt aber auch selbst niemanden in Versuchung.
(Jak 1,13)

Gott versucht uns nicht

Mit diesem letzten Aspekt des VaterUnsers verbinden sich viele Diskussionen. In der liturgischen Version lautet die Bitte: „und führe uns nicht in Versuchung" (der folgende Halbsatz „sondern erlöse uns von dem Bösen" folgt im nächsten Kapitel).

Die Formulierung „führe uns nicht in Versuchung" erweckt den Anschein, als ob Gott selbst es sei, der „versucht". Im Jakobusbrief findet sich jedoch folgende eindeutige Passage: „Niemand sage, wenn er versucht wird, dass er von Gott versucht werde."… „und er führt auch niemanden in solch eine Versuchung hinein."[1] Gott ist in sich nicht zwiespältig, er hat nicht eine Licht- und eine Schattenseite.

Führe mich

Papst Franziskus hat 2017 die deutsche Fassung kritisiert und auf Formulierungen des letzten Verses in unterschiedlichen Sprachen hingewiesen. Er sagte im italienischen Fernsehen: „Besser müsste es im Deutschen lauten: ‚Lass mich nicht in Versuchung geraten'".

Es geht um Bewahrung in der Versuchung, um Schutz vor der Versuchung. Die für mich stimmigste Version lautet: „Und stehe mir bei / führe mich in Zeiten der Versuchung."

---

1 Jak. 1, 13 (Das Buch)

stehe uns bei in Zeiten der Versuchung.

Die Liebeskultur Gottes nicht verlieren

Es geht nicht um das Klein-Klein moralischer Versuchungen. Die Gefahr besteht darin, die Liebesbotschaft Gottes, so wie sie Jesus gelebt und gelehrt hat, zu verlieren. Die Vögel konnten die gute Nachricht „wegfressen“ und die „Dornen sie ersticken“.[1]

Körner sieht die Gefahr, in ein Gottesbild menschlicher Projektionen zurückzufallen. Die Verirrung besteht in der Möglichkeit, in eine Schieflage zu geraten „zwischen einem einerseits liebenden und andererseits strafrichtenden Gott, der Rückfall in Leistungsfrömmigkeit und ‚Werkgerechtigkeit‘, in pharisäische Überheblichkeit, in ängstliche Gottesfurcht und knechtische Verdemütigung – das war und das ist bis heute die Versuchung des Christen und seiner Gemeinschaft, der Kirche.“

Umkämpfte Herzen

In dieser Bitte im VaterUnser kommt zum Ausdruck, wie umkämpft das menschliche Herz ist. Jesus lehrt seine Jünger, sich vertrauensvoll an Gott zu wenden und um Bewahrung und „Führung Gottes“ zu bitten. Und wir dürfen wissen, dass Gott uns beisteht und uns wieder ‚zu-recht-bringt‘, selbst wenn wir scheitern. Er möchte, dass wir in der Gotteskultur leben und so die Liebe Gottes erfahren.

Gib, dass wir heute, Herr

Gib, dass wir heute, Herr, durch dein Geleite
auf unsern Wegen unverhindert gehen
und überall in deiner Gnade stehen.
Lobet den Herren.

T: Paul-Gerhard, M: Johann Krüger

---

1 Mt. 13, 1-9

Du, Abba, bewahre uns vor dem Bösen.

HERR, du hast mich erforscht und kennst mich.
Ob ich sitze oder stehe, du kennst es.
Du durchschaust meine Gedanken von fern.
Ob ich gehe oder ruhe, du hast es gemessen.
Du bist vertraut mit all meinen Wegen.
Ja, noch nicht ist das Wort auf meiner Zunge,
siehe, HERR, da hast du es schon völlig erkannt.
Von hinten und von vorn hast du mich umschlossen,
hast auf mich deine Hand gelegt.
Zu wunderbar ist für mich dieses Wissen,
zu hoch, ich kann es nicht begreifen.

(Psalm 139, 1b-6)

Umkämpfte Herzen

Das Menschenbild im VaterUnser weiß um die Bedrohung des menschlichen Herzens. Es geht um die Macht des Bösen im Menschen und um das dadurch geschaffene ‚Strukturelle Böse'. Im letzten Gedanken des VaterUnsers wird die Notwendigkeit betont, das Innerste unseres Menschseins zu bewahren, zu beschützen.

Da ist der Wurm drin

Doch es steckt der Wurm drin. Wo steckt der Wurm drin? Wie werden wir in die Irre geführt?

In der Versuchungsgeschichte im Garten Eden führt die Schlange (Wurm) Adam und Eva in die Irre. R. Körner führt dazu aus: „Als die Erzählung um das Jahr 900 v.Chr. entstand, war die Schlange das Tiersymbol für eine Haltung des Menschen, wie in unserer Sprache etwa der schlaue Fuchs oder der ängstliche Hase oder die diebische Elster." Die Schlangen konnten den plötzlichen Tod bringen. Die Schlange steht hier für die Neigung im Menschen, Macht

über andere Menschen ausüben zu wollen. Aus egoistischen Gründen werden Menschen versklavt, wird über Tod und Leben verfügt.

Das kannten die Israeliten. Ihre Machthaber in Ägypten hatten sie versklavt. Interessant dabei: Die Kopfbedeckung des Pharaos hatte als Zeichen eine Schlange. Im Garten Eden[1] verführte die Schlange den Menschen dazu, selbst Gott sein zu wollen.

Das Böse entsteht im Menschen dadurch – so die Erzählung –, dass der Mensch eine höhere Mitte nicht respektieren will und sich selbst zum Maß aller Dinge macht. Er will entscheiden, was gut und böse ist. Er will keine höhere Instanz über sich, der gegenüber er verantwortlich wäre.

Das Böse zeigt sich in der Lüge

In der Schöpfungserzählung wird der „Böse“ als der Lügner beschrieben. Hier wird beschrieben, wie der Böse mit der Lüge die Gedanken des Menschen beeinflusst: „Ihr werdet keineswegs des Todes sterben.“ „Ihr werdet sein wie Gott.“ „Ihr werdet wissen, was gut und böse ist.“ Alles Lügen und Halbwahrheiten die der „Wurm“ auftischt.

Und da die Frucht schön anzuschauen war, keimte die Lust auf, sie zu essen. Die Aussicht, so zu sein wie Gott, Gut und Böse unterscheiden zu können und nicht zu sterben, war verlockend. Lüge verpackt in ein bisschen Wahrheit. „Fake-News“ schon damals.

Der Böse sät Zweifel und bietet scheinbar einfachere Lösungen an. Die Versuchung beginnt in den Gedanken, Wünschen und Träumen. Das Einfallstor für die Versuchung ist das, was wir hören – in uns oder durch andere. Da wirken dann Worte in uns, die am Ende das Leben verhindern. Worte, die einem selbst oder anderen Gewalt antun.

Der Böse schleicht sich manchmal ganz unbemerkt in die Gedankenwelt ein. Ein erster Verdacht keimt auf, der Partner, die Partnerin würde ‚fremd‘

---

1 Gen. 3, 1 ff

gehen. Das Gift der Eifersucht zerstört nach und nach das Vertrauen und die Beziehung. Oder wir vergleichen uns mit anderen. Stolz und Überheblichkeit oder Neid und Missgunst vergiften das Herz. Die kleinen und die großen Lügen zerstören das Miteinander. Mobbing in den sogenannten ‚sozialen' Netzwerken hinterlässt junge Menschen in einem Gefühlschaos. Ihr Selbstbild wird angegriffen und nicht selten massiv verletzt.

Es gibt auch die furchtbaren und schrecklichen Ereignisse, die das Böse, den Bösen erkennen lassen. Unfassbar, was am 7. Oktober 2023 in Israel geschah. Eine perspektivlose Generation junger Männer, aufgestachelt durch jahrelange Propaganda, überfiel Israel und hinterließ ein Massaker mit über 1100 Toten und mehreren tausend Verletzten. Ein Volk, das sich geschworen hat, nie wieder Opfer zu sein, entfesselte daraufhin einen Krieg, der bis jetzt (Ende 2024) über 40.000 Tote und über 100.000 Verletzte in Gaza forderte.

Entfesselte Gewalt, Tod und Leid. Inzwischen zeigt sich die Gewalt auch in Nordisrael, im Libanon, im Westjordanland und weltweit.

Wenn das nicht Zeichen des großen Lügners sind? Der Böse zeigt sich in der Fratze der Gewalt.

Und das nicht nur im Nahen Osten! Gewalt und Zerstörung, Tod und Leid auf der ganzen Welt. Zwischen Mann und Frau, zwischen Völkern, zwischen Ethnien – der Böse sät das Gift seiner Lüge überall.

Das Böse oder der Böse

Soweit ich das als Laie beurteilen kann, wird in der Bibel die Frage nach dem Bösen oder das Böse nicht „definiert". Bei den verschiedenen Erwähnungen wird das, was der oder das Böse tut beschrieben. In der Bibel werden unterschiedliche Begriffe für den Bösen verwendet: als Luzifer, als gefallenen Engel, als Gegenspieler Gottes. Das Böse tritt in der Schrift in Gestalt eines Tieres (Schlange) oder quasi als persönlicher Versucher auf. Im Johannesevangelium wird Satan als „Fürst dieser Welt"[1] beschrieben.

---

1 Joh. 12, 31

Jesus wird durch den Bösen versucht[1]

Am wirkungsvollsten wirkt die Versuchung dort, wo die eigene Befindlichkeit, die eigene Bedürftigkeit, die eigenen Träume und Sehnsüchte im Spiel sind.

Nach der Taufe wird Jesus vom Geist Gottes in die Wüste geführt. Er hatte gerade noch seinen Vater im Ohr: „Du bist mein geliebter Sohn, an dem ich Wohlgefallen habe" und dann das!?

Der Hunger, nach 40 Tage Fasten, ist der erste Angriffspunkt. Der Satan fordert Jesus auf Steine zu Brot machen - das wär' doch was!

Der zweite Angriff ist heftiger: Von der Zinne des Tempels springen und von Engeln getragen werden. Das wäre doch für alle eine überzeugende Vorstellung. Die Menschen würden ihm zujubeln und seine Sendung wäre erfüllt.

Die dritte Versuchung ist perfide: Zunächst zeigt der Versucher Jesus alle Reiche dieser Welt mit ihrer Pracht und bietet eine scheinbar einfache Lösung an. Das sollst du bekommen, wenn du dich niederwirfst und mich anbetest. Damit hätte Jesus nicht nur das eigene Volk überzeugen können, sondern hätte Macht gehabt, um über alle Reiche dieser Welt zu herrschen. Dann könne das ‚Reich Gottes' kommen, viel einfacher, viel schneller, viel leichter.

Jesus weist alle drei Versuchungen zurück, indem er die Wahrheit Gottes dagegenstellt. Für Jesus sind die scheinbar einfachen Lösungen nicht der Weg, wie das Reich Gottes auf diese Welt kommt.

Papst Franziskus wird in dem Interviewbuch zum VaterUnser deutlich: Wer mit dem Bösen das Diskutieren anfängt, hat schon verloren. Es gilt das Wort Gottes dem Bösen entgegenzuhalten, so wie es Jesus getan hat.

Die ohnmächtige Liebe

Die Liebeskultur, die Jesus in die Welt bringt, zeigt sich in der ohnmächtigen Liebe, die niemanden zwingt, die keine Gewalt gebraucht. Der allmächtige Gott zeigt sich in der Ohnmacht der Liebe.

---

1 Mt 4,1 ff

Bewahre uns, Gott, behüte uns, Gott,

Bewahre uns, Gott, behüte uns, Gott,
sei mit uns auf unsern Wegen.
Sei Quelle und Brot in Wüstennot,
sei um uns mit deinem Segen,
sei Quelle und Brot in Wüstennot,
sei um uns mit deinem Segen.

Bewahre uns, Gott, behüte uns, Gott,
sei mit uns in allem Leiden
Voll Wärme und Licht im Angesicht,
sei nahe in schweren Zeiten,
voll Wärme und Licht im Angesicht
sei nahe in schweren Zeiten.

Bewahre uns, Gott, behüte uns, Gott,
sei mit uns vor allem Bösen.
Sei Hilfe, sei Kraft, die Frieden schafft,
sei in uns, uns zu erlösen,
sei Hilfe, sei Kraft, die Frieden schafft,
sei in uns, uns zu erlösen.,

Bewahre uns, Gott, behüte uns, Gott,
sei mit uns durch deinen Segen.
Dein Heiliger Geist, der Leben verheißt,
sei um uns auf unsern Wegen,
dein Heiliger Geist, der Leben verheißt,
sei um uns auf unsern Wegen.

T: Jürgen Eckert, M: Anders Ruuth

Denn Dein ist das Reich und die Kraft und die Herrlichkeit – in Ewigkeit!

In dieser Gegend lagerten Hirten auf freiem Feld und hielten Nachtwache bei ihrer Herde. Da trat ein Engel des Herrn zu ihnen und die Herrlichkeit des Herrn umstrahlte sie und sie fürchteten sich sehr.
Der Engel sagte zu ihnen: Fürchtet euch nicht, denn siehe, ich verkünde euch eine große Freude, die dem ganzen Volk zuteilwerden soll: Heute ist euch in der Stadt Davids der Retter geboren; er ist der Christus, der Herr.
(Lukas 2, 8ff)

Doxologie[1]

R. Körner ist der Überzeugung, dass es sich bei der späteren Ergänzung nicht nur um einen „gefälligeren 'liturgiefähigen' Gebetsabschluss" handelt, sondern erkennt in dem Wörtchen *'denn'* eine Fortführung des letzten Verses" des VaterUnsers. Er schließt daraus, dass „der ganze, dann also dreigliedrige Vers" lauten müsste: „Und lass uns nicht in Versuchung geraten, sondern entreiße uns dem Bösen, denn dein ist das Reich und die Kraft und die Herrlichkeit – in Ewigkeit!"

Die sogenannte Doxologie, die wir hier vorfinden, wiederholt in einem glaubensvollen Bekenntnis die Verheißungen des VaterUnsers.

Du bist Herr!
„Du bist Herr! Du bist Herr!
Du bist auferstanden und du bist Herr!"
Jedes Knie wird sich beugen, jede Zunge wird bekennen,
dass Jesus ist der Herr."

T: Werner Krot M: unbekannt

---

1 Doxologie: eine feierliche Form, mit einem Gotteslob ein Gebet zu beenden.

Literaturverzeichnis

- Augustinus, zitiert nach Lauscher. 2013. Initiative Kirche gegen Rechts. [Online] 29. 05 2013. [Zitat vom: 24. 02 2022.] https://www.bistum-aachen.de/Region-Aachen/kirche-gegen-rechts/aktuelles/nachrichten/a-blog/Gelebte-Eucharistie-00001/.

- Blunck, Jürgen. 2005. Unser Vater im Himmel ... Mit dem Vaterunser beten und leben. Gießen : Brunnen, 2005.

- Boeing, Niels und Hürter, Tobias. 2022. Bitte noch mal anders - Leben in der Gemeinschaft: Haben wir vergessen, wie wichtig das ist? Wie sinnstiftend und tröstend? ZEIT Wissen. DIE ZEIT, 2022, Nr. 01 2022.

- Bonhoeffer, Dietrich. 1944. EKD. [Online] 1944. [Zitat vom: 03. 03 2022.] https://www.ekd.de/von-guten-machten-wunderbar-geborgen-11493.htm.

- —. https://www.hapax.at/index.php/leben-und-worte-bonhoeffers/ausgewaehlte-texte/216-billige-gnade-teure-gnade aus Nachfolge, . DBW 4 S. 29-31. [Online] [Zitat vom: 14. 11 2024.]

- Buber, Martin. 1979. Das dialogische Prinzip. Heidelberg : Verlag Lambert Schneider, 1979.

- Das Lexikon - mit dem Besten aus der Zeit in 20 Bänden; Dr. J. Weiß und Dr. D. Buhl, Zeitverlag Gerd Bucerius GmbH & Co. KG, 2005.

- Delitzsch, Franz. 1843. Das Vater Unser - Ein Erbaungsbuch für jeden Christen. Leipzig : Franz Peter, 1843.

- 2001. Die Eremitage – Geschichte der Gebäude und Sammlungen. St. Petersburg : Kunstverlag „Alpha-Colour", 2001.

- Dobmeier, Julia und Fux, Christiane. 2018. NetDoktor. [Online] 28. 06 2018. [Zitat vom: 19. 03 2022.] https://www.netdoktor.de/krankheiten/burnout/.
- Douglas-Klotz, Neil. 2007. Das Vater unser. s.l. : Knauer-Verlag, 2007.
- Dr. Fischer, Ulrich. Evangelische Landeskirche Baden. [Online] [Zitat vom: 24. Februar 2022.] https://www.ekiba.de/detail/nachricht-seite/id/1697-das-magnificat-ein-revolutionslied-gottes/?cat_id=136.
- Dr. Hardinger, Boglarka und Univ.-Prof. Dr. Kurz, Wolfram. 2002 / 2022. Woher kommt die Kraft? - Quellen des Sinns / Quellen des Selbstwertrgefühls. Institut für Logeotherapie und Existenzanalyse. Wien/Tübingen : s.n., 2002 / 2022.
- Fabry, Joseph B. 1968 / 1973. Eine Einführung in die Logotherapie. Boston / Freiburg im Breisgau : Herder, 1968 / 1973.
- Frankl, Viktor E. 1997. .... trotzdem ja zum Leben sagen. - Ein Psychologe erlebt das Konzentrationslager. München : dtv, 1997.
- —. 1982 . Ärztliche Seelsorge: Grundlagen der Logotherapie und Existenzanalyse. Wien : Deuticke, 1982 .
- —. 1977. Das Leiden am sinnlosen Leben. Wien / Freiburg : Herder, 1977.
- —. 1974 / 2002. Der unbewußte Gott - Psychologie und Religion. München : dtv, 1974 / 2002.
- —. 1973 / 1981. Die Sinnfrage in der Psychotherapie. München : R.Pieper & Co., 1973 / 1981.
- —. 1995 /2002. Vikltor E. Frankl - Was nicht in meinen Büchern steht. Weinheim und Basel : Beltz und Medizin Verlag Gmbh München, 1995

/2002.

- Franziskus, Papst. 2018. Vater unser - das Gebet Jesu neu gelesen. Rom : Kösel VerlagMünchen, 2018.

- Franziskus/Tornielli. 2016. Der Name Gottes ist Barmherzigkeit. Rom/ München : Kösel Verlag, 2016.

- Galilei, Galileo. 1564-1642. Aphorismen und Zitate in deutscher Sprache. FH-muenster.de. [Online] 1564-1642. [Zitat vom: 03. 03 2022.] https://www.fh-muenster.de/ciw/downloads/personal/juestel/juestel/Zitate.pdf.

- Gerhard, Röding. 2003. das Vaterunser - eine Brücke zu Gott. Gütersloh : Quell/Gütersloher Verlagshaus GmbH, 2003.

- Grün, Arno. 2013. Deutschlandfunk Kultur. Podcast. [Online] 09. 07 2013. [Zitat vom: 24. 02 2022.] https://www.deutschlandfunkkultur.de/mit-liebe-gegen-entfremdung-100.html#:~:text=Wer%20allein%20Macht%2C%20Leistung%20und,durch%20%C3%B6konomische%20Ma%C3%9Fst%C3%A4be%20gepr%C3%A4gte%20Welt..

- Guardini, Romano. 1932. Das Gebet des Herrn. Mainz : Matthias-Grünewaldverlag, 1990 5. Taschenbuchauflage; Rechte bei Katholische Akademie in Bayern, 1932.

- Herder.de. Lexikon. [Online] [Zitat vom: 18. 03 2022.] https://www.herder.de/gd/lexikon/doxologie/.

- Kermani, Navid. 2022. Jeder soll von da, wo er ist einen Schritt näher kommen - Fragen nach Gott. München : Carl Hanser Verlag, 2022.

- Kierkegaard, Søren. 1813-1855. 1000 Zitate. [Online] 1813-1855. [Zitat vom: 03. 03 2022.] https://1000-zitate.de/5701/Das-Leben-wird-vorwaerts-gelebt-und.html.
- Körner, Reinhard. 2. Auflage 2003. Vaterunser – Spiritualität aus dem Gebet Jesu. Leipzig : St. Benno Verlag GmbH, 2. Auflage 2003.
- Martial, Marcus Valerius. aphorismen.de. [Online] [Zitat vom: 24. 02 2022.] https://www.aphorismen.de/zitat/16094.
- Maslow, Abraham. 1917. Wikipedia. [Online] 1917. [Zitat vom: 03. 03 2022.] https://de.wikipedia.org/wiki/Maslowsche_Bed%C3%BCrfnishierarchie.
- Monbourquette, Jean. 2001/2003. Vergeben lernen in zwölf Schritten. Ottawa / Mainz : Matthias-Grünewald, 2001/2003.
- Nouwen, Henri J.M. 1991. Nimm sein Bild in dein Herz - Geistliche Deutung eines Gemäldes von Rembrandt. Toronto / Freiburg im Breisgau : Herder, 1991.
- Paukert, Herbert. 2016. paukert.at. [Online] 4. 11 2016. [Zitat vom: 20222. 3 17.] https://www.paukert.at/psycho/frankl.pdf.
- Philonenko, Marc. 2002. Das Vaterunser - Vom Gebet Jesu zum Gebet der Jünger. Tübingen : Mohr Siebeck UTB, 2002.
- Ratzinger, Joseph, Benedikt XVI. 2007. Jesus von Nazareth - Erster Teil. Freiburg im Breisgau : Herder, 2007.
- 2022. Resilienz-Akademie. [Online] 2022. [Zitat vom: 21. 03 2022.] https://www.resilienz-akademie.com/resilienzmodelle-im-vergleich/.

- Resilienz-Akademie.com. Sieben Säulen der Reslienz. [Online] [Zitat vom: 20. 03 2022.] https://www.resilienz-akademie.com/sieben-saeulen-der-resilienz/.

- Rommel, Kurt. 1979. Einladung zum Gespräch mit Gott - Gedanken über das Vaterunser. Stuttgart : Quell Verlag Stuttgart, 1979.

- Schleske, Martin. 2010. Der Klang - Vom unerhörten Sinn des Lebens. München : Kösel, 2010.

- Schulz, Hermann. Interview im Deutschlandfunk anlässlich 25 Jahre Völkermord in Ruanda. s.l. : Deutschlandfunk.

- Sparmann, Heike und Baer, Udo. ekiba.de. [Online] [Zitat vom: 03. 03 2022.] https://www.ekiba.de/media/download/integration/349611/bewegung_ich_bin_ich.pdf.

- Tirier, Ursula. 2003. Wenn alles sinnlos erscheint - Logotherapie in der Begleitung lebensbedrohliche erkrankter Menschen. Gütersloh : Gütersloher Verlagshaus, 2003.

- Werner, Roland. 2022. Das Buch, Neues Testament, Psalmen, Sprichwörter. Holzgerlingen : SCM R.Brockhaus in der SCM Verlagsgruppe GmbH, , 2022.

- Wiegelmann, Lucas. 2017. Welt. [Online] 8. 12 2017. [Zitat vom: 27. 02 2022.] https://www.welt.de/kultur/article171391831/Nach-Kritik-des-Papstes-Wird-das-Vaterunser-geaendert.html.

- Zum Frieden kann man konvertieren. Finger, Evelyn und Rankin, Dominique. 2019. Nr. 36 2019, Hamburg : DIEZEIT, 2019

Das VaterUnser	**Gedankensplitter für die Sozialarbeit**
Du Abba, Vater unser • Das Vaterbild entgiften • Miteinander die Gotteskultur leben. • Im Himmel – das Gegenteil von ganz weit weg.	Die Menschenwürde im Blick • Wertschätzung – der Einzelne im Blick • Der Mensch ein Beziehungswesen • Der Mensch ein transzendentes Wesen
Aus der Verheißung leben	**Ressourcen erkennen und nutzen**
… geheiligt werde dein Name • Lobpreis und Abba-Kultur • Den Namen ehren – dem Wesen entsprechen. • der Abba-Kultur entsprechen.	… den Sinnhorizont entdecken • Sinn will erkannt werden • unterwegs erkennen wir • Sechs Säulen der menschlichen Existenz
… dein Reich komme • Das Königtum Gottes im Herzen • Das Magnifikat: Der Spur Jesu folgen • Miteinander unterwegs – die Gotteskultur leben	Konkretion erkennen • Lebe, was du erkannt hast, konkret! • Phantasie pflegen • Kreativität wecken • Verantwortung übernehmen
… dein Wille geschehe • Mit dem Herzen „hören“ und „sehen“ lernen. • Gottes Wille und unser Wille verbünden sich. • Die Liebeskultur ins Leben bringen	Kraft und Willen entwickeln • Wort-Tat-Kraft-Sinn im Leben entdecken. • hinhören • Willen stärken • Enttäuschungen begrüßen

Das VaterUnser	**Gedankensplitter für die Sozialarbeit**
Der Abba-Vater sorgt für die Menschen	**Die Bedürfnisse im Blick Die Ressourcen aktivieren**
… gib uns unser tägliches Brot • Die ganze Existenz ist gemeint. • Die Not aller erkennen • Leben, nicht nur vom Brot allein	Die Grundbedürfnisse sichern • Grundbedarfe sichern • Teilhabe ermöglichen • Selbstwirksamkeit fördern
… vergib uns unsere Schuld, wie auch wir vergeben • Vergebung die zentrale Botschaft Jesu. • Nachtragen aufgeben • Vergeben können	Frieden und Freiheit finden • Verletzungen erkennen • Opferrolle verlassen • Lernen, vergeben zu können • Eine Kultur des Miteinanders pflegen
… Stehe uns bei in Zeiten der Versuchung und bewahre uns vor dem Bösen • Gott versucht nicht! • Die Liebeskultur nicht verlieren. • Wer mit dem Bösen das Diskutieren anfängt hat schon verloren.	Verletzlichkeit wahrnehmen • dem Gift der Lüge widerstehen • Schutzräume schaffen • Prioritäten setzen: das Wichtigste zuerst. • Maß finden